KB058610

삶은
왜
짐이
되었는가

KI신서 7152
삶은 왜 짐이 되었는가

1판 1쇄 발행 2017년 9월 20일
1판 12쇄 발행 2024년 11월 20일

지은이 박찬국
펴낸이 김영곤
펴낸곳 (주)북이십일 21세기북스

서가명강팀장 강지은 **서가명강팀** 강효원 서윤아
디자인 씨디자인
출판마케팅팀 한충희 남정한 나은경 최명열 한경화
영업팀 변유경 김영남 강경남 황성진 김도연 권채영 전연우 최유성
제작팀 이영민 권경민

출판등록 2000년 5월 6일 제406-2003-061호
주소 (우 10881) 경기도 파주시 회동길 201(문발동)
대표전화 031-955-2100 **팩스** 031-955-2151 **이메일** book21@book21.co.kr

(주)북이십일 경계를 허무는 콘텐츠 리더

21세기북스 채널에서 도서 정보와 다양한 영상자료, 이벤트를 만나세요!
페이스북 facebook.com/jiinpill21 **포스트** post.naver.com/21c_editors
인스타그램 instagram.com/jiinpill21 **홈페이지** www.book21.com
유튜브 www.youtube.com/book21pub
서울대 가지 않아도 들을 수 있는 명강의! 〈서가명강〉
유튜브, 네이버, 팟캐스트에서 '서가명강'을 검색해보세요!

ⓒ 박찬국, 2017

ISBN 978-89-509-7199-1 03100

서울대 박찬국 교수의 하이데거 명강의

삶은
왜
짐이
되었는가

박찬국 지음

MARTIN
HEIDEGGER

21세기북스

일러두기

‑ 이 책의 저술은 2014년 서울대학교 인문대학 인문학 '교양총서 출간' 지원사업의 지원을 받았습니다.

‑ 번역문 인용글 중 [ ] 안의 삽입주는 인용자에 의한 것입니다.

‑ 이 책에 실린 시 일부는 저작권자를 확인할 방법이 없어 허가를 받지 못했습니다. 추후 저작권자가 확인되는 대로 정식 동의 절차를 밟겠습니다.

차례

" 깊은 겨울 밤

사나운 눈보라가

오두막 주위에 휘몰아치고

모든 것을 뒤덮을 때야말로

철학을 할 시간이다. **"**

　　　―마르틴 하이데거

프롤로그

궁핍한 시대의 사상가, 하이데거

하이데거는 20세기 이후의 지성계에 가장 큰 족적을 남긴 사상가 중 한 명입니다. 20세기의 거의 모든 철학적 조류, 실존철학과 현상학, 가다머의 철학적 해석학, 리오타르의 포스트모더니즘과 데리다, 푸코, 들뢰즈의 후기구조주의뿐 아니라 마르쿠제와 하버마스의 비판이론, 한나 아렌트의 정치철학, 철학적 인간학, 언어철학, 과학철학 등에서 우리는 하이데거 철학의 흔적을 쉽게 발견할 수 있습니다. 철학뿐 아니라 문학과 문예비평, 심리학, 신학, 생태학 등에도 하이데거가 미친 영향은 무시할 수 없습니다.

이러한 엄청난 영향력 때문에 하이데거는 현대의 그어떤 철학자보다도 유명세를 구가하고 있지만 그의 철학은 난해하기로 악명이 높습니다. 철학을 공부하거나 연구하는 사람들도 하이데거 사상을 제대로 이해하기란 쉽지 않지요.

더군다나 철학에 문외한인 사람에게 하이데거의 글은 도저히 올라갈 수 없는 절벽처럼 느껴질 것입니다. 하이데거의 대표작이자 당시 지성계를 뒤흔든 20세기의 기념비적인 책 『존재와 시간Sein und Zeit』이 서울대에서 선정한 '권장도서 100선'에 포함되지 못한 이유도 '너무 어려워서'였습니다.

그럼에도 하이데거 철학은 오늘날 우리가 귀를 기울여야 할 중요한 메시지를 담고 있습니다. 하이데거는 현대기술문명의 위기를 진단하고 그것을 극복하기 위한 길을 사유하는 데 자신의 삶을 바쳤습니다. 하이데거가 죽은 지 40여 년이 흘렀지만 기술문명의 위기가 약화되기는커녕 오히려 심화되고 있는 지금, 그의 사상은 우리의 등짝을 죽비처럼 내리치는 힘을 가지고 있습니다.

하이데거의 수제자이자 훗날 나름의 독자적인 사상을 구축한 칼 뢰비트Löwith는 하이데거를 가리켜 '궁핍한 시대의 사상가'라고 불렀습니다. 이는 하이데거가 독일의

민족시인 휠덜린Holderlin을 '궁핍한 시대의 시인'이라고
일컬었던 것에 빗댄 표현입니다.

하이데거는 우리가 살고 있는 이 시대가 전대미문의
물질적 풍요를 누리고 있는 것처럼 보이지만 가장 중요
한 것이 결여되어 있다고 보았습니다. 우리 삶이 진정으
로 충만해지기 위해 절대적으로 필요한 것이 빠져 있다
는 것이지요. 이런 의미에서 그는 이 시대를 '궁핍한 시
대'라고 규정했습니다. 그런데 더 큰 문제는 사람들이 이
러한 궁핍성을 자각하기는커녕 현대를 가장 풍요로운
시대라고 여긴다는 데 있습니다.

하이데거식의 난해한 표현을 빌리자면 '현대인들은 존
재자들을 관리하고 조작하고 지배하고 향유하는 데 빠
져서 존재를 망각하고 있을 뿐 아니라 심지어 자신들이
존재를 망각하고 있다는 사실조차도 망각하고 있다'는
것입니다.

하이데거는 우리 시대의 가장 큰 위기가 모든 존재자
에 깃들어 있는 '성스러움'이 사라져버렸다는 데 있다고
보았습니다. 이 시대에 존재자들은 인간이 마음대로 사
용할 수 있는 에너지 자원으로 간주되고 있습니다. 하늘

과 대지, 산과 강 그리고 심지어 인간 자신도 한갓 에너지원으로 전락해버렸습니다. 산은 산으로서가 아니라 광물 에너지를 담고 있는 자원으로 간주되고, 강 역시 강으로서가 아니라 수력이라는 에너지를 담고 있는 자원으로 여겨지고 있습니다.

하이데거는 20세기에 일어난 두 번의 세계대전, 나치즘이나 공산주의와 같은 전체주의적 지배, 그리고 모든 것을 사고파는 상품으로 전락시키는 자본주의도 우리가 존재자들의 성스러운 성격을 망각한 데서 비롯된 것으로 보았습니다.

그는 이렇게 성스러움이 존재하지 않는 세계, 인간을 비롯한 모든 것이 기술적으로 처리될 수 있는 자원이나 수단으로 간주되는 세계는 궁핍한 세계일 수밖에 없다고 말합니다.

하이데거는 이 시대의 궁핍이 어디서 비롯되었고 그것을 어떻게 극복할 수 있는가를 자신이 걸었던 사유의 길 전체에 걸쳐 치열하게 고민했던 사상가입니다. 이 점에서 뢰비트가 하이데거를 '궁핍한 시대의 사상가'라고 명명했던 것은 참으로 적실했다고 생각합니다.

하이데거는 우리의 삶이 진정으로 충만해지기 위해서는 존재자들의 성스러움을 경험해야 한다고 보았습니다. 하이데거는 존재자들이 갖는 성스러움을 '존재'라는 단어로 표현하기도 합니다. 그는 "철학자가 '존재'라고 부르는 것을 시인은 '성스러운' 것이라고 부른다"고 말하기도 했지요.

여기서 짐작할 수 있듯이 하이데거는 진정한 의미의 철학과 시는 서로 이웃관계에 있다고 봅니다. 하이데거의 철학을 포함하여 철학은 어디까지나 개념적인 분석 작업이고 시는 이미지로 표현하는 작업이기 때문에 분명 이 둘에는 차이가 있습니다. 그럼에도 하이데거는 양자가 드러내려 하는 사태는 실질적으로 동일하다고 보았습니다.

이 점에서 하이데거의 철학은 서양의 전통철학과 근본적으로 다르다고 할 수 있습니다. 서양의 전통철학에서 철학은 시보다는 과학에 더 가까운 것으로 간주되었습니다. 철학은 객관적인 진리를 파악하려 하는 반면에 시는 인간의 주관적 감정을 표현하는 것이라고 보았기 때문이지요.

이는 오늘날 대부분의 사람들이 가지고 있는 생각이기도 합니다. 이 점에서 하이데거의 철학, 또 하이데거가 생각하는 시는 전통철학이나 우리가 일반적으로 생각하는 철학이나 시와 다르다는 사실을 알 수 있습니다.

하이데거 철학에는 여러 의의가 있지만 가장 큰 의의 중하나는 과학기술시대의 한계를 직시하고 그 극복 방안으로 시가 갖는 심대한 의미를 드러냈다는 것입니다. 여기서 말하는 시는 예술의 한 분야로서의 시에 그치는 것이 아니라 예술 전반을 포함하는 것이며, 더 나아가 모든 참된 예술을 가능하게 하는 시적 태도를 가리킵니다.

따라서 하이데거가 말하는 시인 역시 비단 전문적인 시인뿐 아니라 세계와 사물의 신비, 성스러움에 대해 경이와 공감을 느낄 수 있는 사람을 가리킨다고 할 수 있습니다. 이런 맥락에서 하이데거는 우리가 시를 직접 쓰는 것보다도 오히려 매순간 시적인 태도로 세계와 사물을 대하면서 사는 것이 중요하다고 이야기합니다.

현대를 과학기술시대라고 일컫는 데서도 알 수 있듯이 현대인들은 과학만이 세계와 사물들의 진리를 알려주고 과학적 진리에 입각한 기술만이 인간이 부딪히는 문제들을 효과적으로 해결해줄 수 있다고 생각합니다. 그러나 하이데거는 과학은 인간을 비롯한 사물들을 관리하고 조작하고 통제할 수 있는 정보를 알려줄 뿐 사물들의 진리를 전해주지는 않는다고 봅니다.

이러한 사실은 과학적인 정보를 아무리 종합해본다 해도 살아 있는 꽃 한 송이조차 만들 수 없다는 데서 단적으로 드러납니다. 과학은 꽃이 피는 데 필요한 여러 가지 물리적·화학적인 조건들을 드러낼 수는 있겠지만, 꽃 자체는 그러한 조건들로 환원될 수 없는 통일적인 전체로 남습니다.

하이데거는 현대과학의 근저에서는 사물들을 지배하려는 의지가 작용하고 있고 현대과학은 사물들을 지배하려는 특정 관점에서 사물들을 고찰한다고 봅니다. 이는 기업체에서 사원을 뽑을 때 자사의 이익에 얼마나 기여할 수 있느냐는 관점에서 지원자들을 평가하는 것과 마찬가지입니다.

기업체는 지원자들을 그들이 가진 여러 능력과 스펙으로 환원하여 평가합니다. 이에 따라 기업체에서 필요

15

로 하는 능력과 스펙을 갖춘 지원자들은 유능한 인재라고 판단하고, 그렇지 않으면 불필요한 존재로 치부하겠지요. 그러나 각각의 지원자들은 이러한 능력과 스펙만으로 환원될 수 없는 소중한 인격체입니다.

하이데거는 시적인 태도란 사물들을 소유하고 지배하려는 의지가 완전히 사라진 상태고, 이러한 태도에서야말로 사물들은 자신의 진리를 스스로 드러낸다고 이야기합니다. 불교식으로 말하자면, 사물들을 우리의 이해관심에 따라 평가하거나 그것들을 소유하고 지배하려는 모든 욕망에서 벗어난 무심無心의 상태에서야 사물들의 진리가 드러난다는 것입니다.

시적인 태도란 사물들 스스로 자신을 드러낼 수 있도록 우리 자신의 마음을 비우는 것이라고 할 수 있습니다. 자신의 관점을 내세우고 사물들로 하여금 그런 관점에 따라 자신을 드러내도록 강요하는 것이 아니라 사물들 스스로 자신을 드러내게 하는 것입니다.

현대는 존재자들을 지배하고 정복하려는 의지와 계산적인 이성만이 발달해 있을 뿐, 존재자들과 교감을 나누는 시적 정서는 사라지고 있는 시대입니다. 현대인들은 시인이 아니라 존재자들을 관리하고 지배하는 기술인 내지 경영인으로서 살고 있습니다.

대학 교육 역시 시인으로서의 인간을 배출하는 것보다는 기술인이나 경영인을 배출하는 것에 더 큰 목표를 두고 있습니다. 대학에서도 사회에서도 사람들은 사물들의 진리를 드러내고 그것과 교감하는 시어를 익히기보다 사물을 관리하고 지배하는 데 사용될 수 있는 정보 언어를 배우는 것에만 급급합니다.

기술인 내지 경영인으로 사는 현대인들은 의식적 혹은 무의식적으로 삶의 고독감이나 허무감을 느낍니다. 그리고 자극적인 오락과 향락에 탐닉함으로써 고독과 허무로부터 벗어나려 합니다. 이렇게 공허하고 삭막한 현대의 정신적 상황에서 하이데거는 현대기술문명의 본질과 위기를 드러내면서 우리 삶이 나아가야 할 방향을 제시하고자 했습니다. 그리고 하이데거는 이러한 방향을 우리가 시인으로서 지상에 거주하는 것에서 찾고 있습니다.

하이데거는 인간의 소명을 '시인으로서 지상에 거주하

는 것'이라고 말합니다. '시인으로서 지상에 거주한다'는 것은 '지상의 모든 인간과 사물의 성스러운 신비를 경험하면서 산다'는 것을 의미합니다. 하이데거는 오직 인간만이 이러한 소명을 가지고 있고, 이러한 소명에 따라 살 경우에만 우리 삶에 참된 기쁨이 주어질 수 있다고 봅니다.

이러한 하이데거의 사상은 요사이 철학계에서도 각광받고 있는 진화론과는 철저하게 대립된다고 할 수 있습니다. 진화론에서는 인간은 동물과 본질적으로 다를 바 없고 동물처럼 단순히 생존과 번식을 원할 뿐이며 인간의 모든 행위는 생존과 번식을 위한 수단에 불과하다고 이야기합니다. 이러한 진화론의 입장에서 보면 시라는 것은 암컷을 유혹하기 위한 수컷 공작의 화려한 날개 같은 것에 지나지 않겠지요.

그러나 하이데거는 인간은 다른 동물과 본질적으로 다르다고 봅니다. 심지어 인간의 손은 원숭이의 손과 근본적으로 다르다고 말합니다. 인간의 손은 동물의 손과 달리 사물의 아름다움과 신비로움을 표현할 수 있기 때문입니다.

하이데거에게 인간이 시인으로 산다는 것은 단순히 생존과 번식을 위한 것도 아니고, 생존과 번식이 확보된 여유로운 상태에서 누리는 사치스러운 것도 아닙니다. 시인으로 산다는 것은 우리 인간이 인간답게 살 수 있는 유일한 길입니다.

이 책에서 저는 과학기술시대라고 불리는 현대사회의 위기와 한계, 그리고 극복에 대한 하이데거의 사상을 깊이를 잃지 않으면서도 최대한 쉽게 소개하려고 합니다.

1장 고향 상실의 시대

진공청소기가
먼지를 빨아들이듯,
대도시는 지금 이 순간에도
수많은 사람들을
빨아들이고 있다.
이곳에서는 시기와 질시
그리고 경쟁이
은밀하게 혹은 공공연하게
사람들을 지배한다.
우리는 과거에 비해
물질적으로는
풍요로울지 몰라도
마음은 한없이 허전하고
외롭다.

“ 세계는 황폐해졌고,

신들은 떠나버렸으며,

대지는 파괴되고,

인간들은 정체성과 인격을 상실한 채

대중의 일원으로 전락해버렸다. ”

—마르틴 하이데거

고향의 풍요로움, 대도시의 빈곤

하이데거는 우리가 살고 있는 시대를 '고향 상실의 시대'라고 부릅니다. 고향이라는 단어의 원래 의미는 '사람이 태어나서 자란 곳'이겠지만, 하이데거가 고향 상실의 시대라고 말할 때 염두에 둔 고향은 보다 상징적인 의미를 지닙니다. 그가 말하는 고향은 우리가 '고향'이라는 단어를 들었을 때 저절로 떠올리는 '편안하고 아늑한 곳'이라할 수 있습니다.

설령 대도시에서 태어난 사람이라도 고향이란 말을 들으면 모든 긴장을 풀고 마음 편히 쉴 수 있는 곳을 떠올릴 것입니다. 고향을 뜻하는 독일어 'Heimat'에서의 'Heim'은 집을 의미합니다. 집은 우리가 세상의 풍파 속에서 시달리다가 돌아가서 쉴 수 있는 곳입니다. 냉기가 흐르는 세상과는 달리 그곳에는 어머니의 따뜻한 사랑이 존재합니다. 전광식은 고향을 다음과 같이 묘사합니다.

> 고향은 우리가 적응하기에 바쁜 급변하는 세계가 아니라 예스러운 안정된 삶의 세계를 가리킨다.
> 고향은 무엇인가 은닉되어 있고 순수한 삶의 세계를 가리킨다. 고향은 도회지처럼 노출된 때 묻은 공간이 아니라 감춰져 있으면서 아직 순수성을 간직한 세계를 의미한다.
> 고향은 자연을 압도하는 대도시와는 달리 자연에 안겨 있는 아늑한 곳을 가리킨다. 이곳에서는 군중 속의 고독이 아니라 사랑과 정, 유대감이 지배한다.[1]

오늘날 우리는 모든 것이 급변하는 세계 속에 살고 있습니다. 이런 세계에 적응하기 위해 우리는 보다 더 열심히 공부하고 일해야 한다며 끊임없이 자신을 다그치곤 합니다. 급변하는 세상에 적응하는 데만 열중하다 보니 우리는 세상의 어떤 것 하나와도 차분한 교감을 나누지 못하고 있습니다. 우리에겐 꽃을 볼 여유도, 달을 볼 여유도 없습니다. 이에 반해 고향은 모든 것이 안정되어 있어 느긋한 마음으로 사물들과 교감을 나눌 수 있는 곳입니다.

대도시의 삶에 길들여진 사람에게는 고향에서의 삶이 단순하고 단조롭게만 보이겠지만 그곳에는 풍요로움이 숨겨져 있습니다. 이것은 우리가 대도시에 살면서 끊임없이 사로잡히는 욕망이나 걱정에서 벗어나 호젓한 마음으로 고향의 산하와 꽃과 들을 바라볼 때 느끼는 풍요로움이지요.

이는 대도시가 만들어내는 현란한 상품들과는 비교할 수 없는 순수한 풍요로움입니다. 대도시가 만들어내는 상품들이 인간의 탐욕으로 오염되어 있다면, 고향의 풍요로움은 아무런 때도 묻어 있지 않습니다. 또한 고향의 풍요로움은 대도시의 상품들처럼 자신의 아름다움을 뽐내지도 않고 자신을 사용해달라고 유혹하지도 않습니다. 고향의 아름다움은 우리의 욕망을 자극하는 것이 아니라 우리를 편안하게 품어주는 아름다움입니다.

대도시에서는 자연이 한갓 인간이 지배하고 사용하는

대상으로 전락해 있습니다. 이에 반해 고향에서의 자연은 우리를 포근하게 안아주는 어머니 같은 존재입니다. 이러한 곳에서 우리는 자연 속에 들어앉아 꽃과 나무, 달과 별을 보면서 그것들의 아름다움에 맑은 마음으로 취할 수 있습니다.

대도시에는 수많은 사람들이 모여 살지만 이들은 모래알처럼 흩어져 있습니다. 이곳에서는 시기와 질시 그리고 경쟁이 은밀하게 혹은 공공연하게 사람들을 지배합니다. 대도시에 사는 사람들은 고향에 사는 사람들보다 물질적으로는 풍요로울지 몰라도 마음은 한없이 허전하고 외롭습니다.

또한 대도시의 사람들은 사랑이라는 미명 아래 상대방에게 집착하거나 상대방을 불편하게 하기도 합니다. 상대방을 그저 자신의 외로움과 공허감을 달래기 위한 수단으로 취급하기 때문입니다.

이에 반해 고향에는 사람들 사이에 그리고 사람과 자연 사이에 사랑과 정이 가득합니다. 상대방에게 아무것도 요구하지 않고 서로가 존재한다는 사실만으로 기뻐하는 사랑과 정이 깃들어 있는 것이지요.

신들은 떠나버리고 대지는 파괴되었다

대도시는 현란한 모습으로 수많은 사람들을 끌어들입니다. 한국뿐 아니라 아프리카에서도 남아메리카에서도 사람들은 시골을 떠나 대도시로 몰려듭니다. 진공청소기가 먼지를 빨아들이듯, 대도시는 지금 이 시각에도 수많은 사람들을 빨아들이고 있습니다.

하이데거는 이렇게 고향이 상실된 시대에 어떻게 하면 다시 고향을 회복할 수 있을지를 고뇌했습니다. 그는 이 고향 상실의 시대를 "세계는 황폐해졌고, 신들은 떠나버렸으며, 대지는 파괴되고, 인간들은 정체성과 인격을 상실한 채 대중의 일원으로 전락해버린 시대"라고 묘사합니다.

오늘날 이 세계는 모든 사물이 고유하고 신비로운 자신의 존재를 드러내는 곳이 아니라, 계산과 예측이 가능한 에너지들의 연관체계로 간주되고 있습니다. 사물뿐 아니라 인간까지도 한갓 에너지원으로 여겨지면서 자신들의 에너지를 최대한 뽑아내도록 내몰리고 있는 것이지요. 이런 의미에서 하이데거는 오늘날의 세계를 '황폐한' 세계라고 부릅니다.

27

이렇게 인간이 흡사 세계의 주인이나 되는 것처럼 모든 것을 정복하고 소유하려는 시대에 신들은 자신의 모습을 감추고 떠나버릴 수밖에 없습니다. 우리는 간혹 기차를 타고 가면서 멀리 보이는 평화로운 시골 마을에 마치 신들이 깃들어 있는 것 같은 느낌을 받을 때가 있습니다. 그 마을과 그 마을의 모든 것이 신들의 비호 속에 있는 것처럼 느끼는 것이지요.

자신이 사는 곳을 신들의 비호 속에 있다고 느낀다면 인간은 자신이 세계의 주인이나 되는 것처럼 행세할 수 없을 것입니다. 그러나 오늘날 사람들은 자신들이 마치 신이라도 된 듯 모든 사물을 지배하려 합니다. 대지 역시 수많은 에너지 자원을 매장하고 있는 것으로 간주하면서 무자비하게 파헤치고 유린하고 있습니다. 이에 대해 하이데거는 이렇게 이야기합니다.

어떤 하나의 지대地帶는 석탄과 광물을 내놓도록 닦달 당한다. 지구는 이제 채탄장으로서, 대지는 한갓 광물의 저장고로서 나타난다.

농부들이 이전에 경작하던 밭은 그렇지 않았다. 그때

의 경작은 키우고 돌보는 것이었다. 농부의 일이란 토지를 닦달하는 것이 아니라, 씨앗을 자신의 생장력에 맡기고 그것들이 잘 자라도록 보호하는 것이었다.

그러나 오늘날의 토지 경작은 자연에게 강요하는, 이전과는 다른 종류의 경작 방법 속으로 흡수되어버렸다. 그것은 자연을 닦달한다는 의미에서 강요한다. 경작은 이제 기계화된 식품공업일 뿐이다.

공기는 이제 질소를 내놓도록 강요당하고, 대지는 광석을, 광석은 예컨대 우라늄을, 우라늄은─파괴를 위해서든 평화적 이용을 위해서든─원자력을 내놓도록 강요당한다.[2]

하이데거는 이 글에서 농사를 예로 들어 과거와 오늘날을 비교합니다. 근대 이전에 농부의 일이란 씨앗이 스스로 잘 자라도록 돕는 것이었습니다. 그러나 오늘날 행해지는 농사는 식물에게 인위적으로 비료를 주고 씨앗을 개량하는 등 온갖 조작을 가함으로써 인간이 원하는 식품을 가능한 한 많이 내놓도록 강요하는 것이 되었습니다. 이러한 강요는 유전자 조작을 통해 극에 달하고 있

29

습니다.

하이데거는 근대 이전의 기술과 오늘날의 기술은 본질적으로 그 성격이 다르다고 봅니다. 근대 이전에는 자연이나 사물이 가지는 각각의 고유한 존재방식을 인정했습니다. 예를 들어 닭은 마당에서 뛰놀며 살고 싶어 하고, 소는 초원에서 지내기를 원하는 등 각자의 독특한 존재방식이 있다고 본 것이지요.

하지만 오늘날은 어떤가요? 인간은 닭을 그저 달걀과 고기를 제공해주는 자원으로 간주하고 비좁은 공간에서 다량 사육합니다. 소 역시 부드러운 육질을 얻겠다는 이유로 움직이지 못하도록 묶어놓은 채 사육하고 있지요.

살아 있는 것들에 대해서조차 고유한 존재방식을 인정하지 않는 상황이니 무기물에 대해서는 더 말할 필요가 없을 것입니다. "대지는 광석을, 광석은 우라늄을, 우라늄은 원자력을 내놓도록 강요당한다"라고 하이데거가 말한 것처럼, 모든 것이 인간의 욕망에 부응하도록 강요되고 있습니다. 하이데거는 다시 이렇게 이야기합니다.

기술적 인간은 계란, 우유, 고기를 선사하는 가축들을

마주하고 있는 것이 아니라 순전히 계란, 우유, 고기 공급원—이것들은 그 이외의 아무 것도 아니다—을 마주하고 있다.

그는 편리한 전기를 일으켜 인간의 노동을 가볍게 해주는 강이 아니라 수력 제공원을 마주하고 있다. 석탄과 광석을 보장해주는 대지가 아니라 석탄 또는 광석 저장고를 마주하고 있다. 어디에서나 똑같은 과정이 진행되고 있다.

즉, 사물들이 순전히 기술적인 요구의 관련점 안으로 사라져버린다. 이제는 그러한 관련 안에 들어설 수 있는 것만이 중요하며, 아니 그런 것만이 '존재하는' 것으로 통용된다. 여기에 주체가 그리고 저기에 대상이 아니라, 욕구와 욕구충족의 수단이라는 두 극 사이의 연관만이 있을 뿐이다.[3)]

우리는 강이 배를 다닐 수 있게 해주고 전기를 일으키는 등 우리 삶을 편리하게 해준다고 생각합니다. 하지만 강을 단순히 수력 제공원으로만 여길 뿐, 강이 가지는 자체적인 고유한 존재를 인정하지 않습니다. 대지 역시 자

31

체적이고 고유한 존재임을 인정한 후 사용하는 것이 아니라, 그저 석탄과 광석을 제공해주는 저장고로만 취급할 뿐입니다. 오늘날 세계에서 인간은 한갓 욕망의 덩어리로 존재할 뿐이고 사물들은 그러한 욕망을 충족시키는 수단으로 여겨지고 있다는 것이지요.

이러한 현실에서 우리는 스스로를 기술문명의 주인이라 자부합니다. 그런데 과연 우리가 기술문명의 주인이라고 말할 수 있을까요? 인간 개개인 역시 하나의 에너지 자원으로만 여겨지고 있는 것은 아닐까요?

인간은 기술문명의 주인인가 노예인가

오늘날 우리는 '인적 자원'이라는 말을 즐겨 쓰곤 합니다. 인간도 에너지를 담고 있는 하나의 자원으로 간주되고 있다는 뜻이겠지요. 물론 인간의 에너지는 다른 사물들이 가지고 있는 에너지를 뽑아내고 그것을 효율적인 에너지로 변환시킬 수 있다는 점에서 여타 사물들의 에너지와는 본질적으로 다른 성격을 갖습니다.

인간이 한갓 에너지로 간주되고 있다는 사실은 기술 문명의 견인차인 기업들이 사람들을 채용하고 해고할 때 노골적으로 드러납니다. 기업은 육체노동자를 육체적인 에너지로, 정신노동자를 정신적인 에너지로 평가합니다.

어떤 사람의 에너지가 기업의 이익을 위해 효율적으로 사용될 수 있다고 평가되면 그 사람은 채용되거나 자리를 보전할 수 있지만 그렇지 않으면 폐기처분되는 것이 현실입니다. 대체 불가능한 고유한 하나의 인격으로 여겨지기보다는, 다른 사람으로 얼마든지 대체될 수 있는 에너지로 취급되는 것이지요.

또한 인간들은 하나의 관리체계 속에서 철저하게 조직되어 자신의 에너지를 최대한 내놓도록 강요당하고 있습니다. 이는 기업에서 가장 전형적으로 나타나는 현상입니다. 자연에 포함되어 있는 에너지를 효과적으로 발굴해내고 그것을 인간에게 유용한 것으로 만들기 위해서는 인간 자신부터 기술적으로 조직되고 지배되어야 하기 때문이지요.

기술 시대를 살아가는 인간 개개인은 자연으로부터

33

에너지를 효과적으로 뽑아낼 수 있는 기능인자로 조직
되는 동시에 각자의 육체적, 정신적 에너지를 최대한 동
원하도록 강요당합니다. 인간도 모든 자연물과 마찬가
지로 에너지원에 불과한 것으로 취급됨으로써 인간과
물질의 차이는 소멸되고 맙니다. 하이데거는 이렇게 말
합니다.

> 대지와 대기권은 원자재가 된다. 인간은 설정된 목표
> 를 위해 투입되는 인간재료가 된다.[4)]

> 인간은 가장 중요한 재료이기 때문에 오늘날의 화학
> 적인 탐구를 근거로 하여 볼 때, 어느 날 인간물질의 생
> 산을 위한 공장이 세워질 수 있다는 사실을 예견할 수
> 있다.[5)]

여기서 하이데거는 인간을 인공적으로 만들어낼 수
있는 날이 올 것이라고 예견합니다. 하이데거가 이 말을
했을 때는 1942년이었습니다. 유전자 조작을 통해 인간
이 원하는 인간을 만들어낼 수 있다는 사실이 아직 알려

지지 않았던 시대였지요. 하이데거는 또한 이렇게 이야
기합니다.

> 기술적으로 조직된 인간의 전 지구적 제국주의를 통
> 해서 인간의 주관주의는 정점에 도달한다. 이러한 정
> 점으로부터 인간은 획일적으로 조직화된다. 이러한
> 획일화는 대지에 대한 완전한, 즉 기술적인 지배의 가
> 장 확실한 수단이 된다. 주체성이라는 근대적 자유는
> 그에 상응하는 객체성 안에서 철저히 소진된다.[6]

약간 어렵지요? 문구 하나하나를 짚어보는 식으로 인
용문을 검토해보겠습니다. '기술적으로 조직된 인간의
전 지구적 제국주의'란 현대기술문명에서 인간이 자신
들을 기술적으로 조직하여 지구를 지배하려 한다는 뜻
입니다.

이 점에서 하이데거는 오늘날 주관주의가 정점에 달
해 있다고 봅니다. 그러나 인간이 지구를 지배하는 과정
은 각각의 인간이 거대한 사회적 조직체계 내에서 기술
적으로 관리되고 처분될 수 있는 객체로 전락하는 과정

이기도 합니다. 이렇게 인간들이 하나의 기능인자나 기술적 부품으로 관리되고 처분되는 것이야말로 대지나 지구를 기술적으로 지배하는 가장 확실한 수단입니다.

현대인들은 자신들이 지구의 주인이자 자유로운 주체라고 생각하지만 사실은 사회적 조직체계의 관리와 처분에 내맡겨져 있는 객체에 불과합니다. 이런 의미에서 하이데거는 '주체성이라는 근대적 자유는 그에 상응하는 객체성 안에서 철저히 소진된다'고 말한 것입니다.

이 시대를 지배하는 것은 이성이 아니라 광기다

인간 개개인을 비롯한 모든 사물을 기술적인 처리 대상으로 격하시키고 그것들로 하여금 끊임없이 자신들의 에너지를 내놓도록 몰아대는 현대세계를 가리켜 하이데거는 '몰아−세움의 세계Ge-stell'라고 부릅니다.

현대는 국경과 문화를 넘어 모든 인간과 사물을 계산 가능하고 변환 가능한 에너지로 환원시켜나가는 어떤 익명의 힘이 지배하고 있습니다. 이러한 힘이 전 세계를 휩쓸면서 전 세계는 거의 동일한 모습을 보입니다. 요즘 '세계화'라는 말이 회자되고 있지만 세계화란 이러한 익명의 힘이 지구상의 모든 문화적 단위를 하나의 기술적인 세계문명으로 통합해가는 과정이라고 할 수 있습니다.

하이데거는 현대기술문명을 근저에서 지배하는 익명의 힘을 가리켜 '지배에의 의지'라고 일컫습니다. 지배에의 의지는 인간을 둘러싼 자연 전체를 효율적으로 지배할 수 있는 에너지원으로 변환시키고 남용하려는 광기 어린 의지입니다. '지배에의 의지'를 하이데거는 '의지에의 의지'라고도 부릅니다. '지배에의 의지'는 자신을 맹목적으로 강화하고 증대하는 것 외의 다른 목적을 전혀 갖지 않기 때문입니다.

'의지에의 의지'는 모든 것을 자신의 욕구 충족의 수단으로 간주하는 각 개인들의 의지로 나타나기 때문에, 현대인들은 자신들이 이러한 '의지에의 의지'의 소유자이자 주체라고 여깁니다. 그러나 하이데거는 오히려 현대인들은 '의지에의 의지'에 사로잡혀 있고 그것에 의해 끊임없이 내몰리고 있다고 이야기합니다.

의지가 개별적인 '의지의 소유자'로 인격화됨으로써, 마치 의지에로의 의지가 이러한 인격들에서 비롯되는 것처럼 보인다. [이와 함께] 인간의 의지가 '의지에의 의지'의 근원이라고 여겨진다. 그러나 사실은 인간이 의지에의 의지의 본질을 경험하지 못하면서 그것에 의해 의지되는 것이다.[7]

하이데거가 말하는 '의지에의 의지'는 쉽게 풀이하자면 자연 전체를 지배하고 소유하려는 탐욕이라 할 수 있습니다. 우리는 자신이 탐욕의 주체라고 생각하고 이러한 탐욕을 언제든 버릴 수 있다고 생각하지만 사실 우리는 탐욕의 노예입니다. 탐욕은 항상 보다 더 큰 탐욕을 불러일으킵니다. 인간의 탐욕은 크게는 우주 전체를, 작게는 미립자라는 물질의 가장 작은 부분까지 파헤쳐 들어가 지배하려 합니다.

이처럼 모든 것을 에너지원으로 전락시키는 기술문명의 탐욕스러운 광기는 제1차 세계대전과 제2차 세계대전에서 가장 노골적으로 드러났습니다. 두 번의 세계대전에서 인간과 자연은 철저하게 에너지원으로 남용되었고, 전쟁에서 이기기 위해 모든 국가는 자연과 인간이 가지고 있는 에너지를 총동원했습니다.

자연은 폭탄과 총알을 만드는 에너지원으로 남용되었고, 육체노동자는 자연을 폭탄과 총알로 변환시키는 육체적 에너지로 쓰였으며, 정신노동자는 자연을 효과적인 폭탄과 총알로 변환시킬 수 있는 방법을 강구해내는 에너지로 사용되었습니다.

하이데거는 스탈린이나 히틀러와 같은 이른바 지도자들을 전쟁의 주체로 여기지 않았습니다. 그들 역시 자신들이 통제하지 못하는 '지배에의 의지'의 하수인이라고 보았기 때문입니다. 그들은 '지배에의 의지'를 지배하는 주체가 아니라 오히려 그 의지에 사로잡혀, 사람들로 하여금 자연과 자신의 에너지를 총력을 다해 뽑아내도록 독려하고 관리하는 또 다른 에너지원에 불과하다는 것이죠.

모든 것을 에너지원으로 전락시키는 탐욕스러운 광기는 자본주의 체제든 사회주의 체제든 아니면 파시스트 체제든 이 시대의 모든 사회체제를 근저에서 규정하는 근본적인 힘이기도 합니다. 하이데거에게 있어 자본주

39

의나 사회주의, 나치즘 간의 차이는 인간을 비롯한 모든 사물이 자신들의 에너지를 최대한 발휘하도록 조직하는 방식들 간의 차이에 불과합니다. 근대의 자유주의나 사회주의가 인간 개개인의 주체적인 권리와 자유를 아무리 법적으로 보장한다 해도 구체적인 삶의 영역에서 각각의 개개인은 한갓 노동 에너지로밖에 취급되지 않는다는 것입니다.

물론 하이데거의 견해에는 현대문명이 갖는 성격을 단순화하는 면이 있는 것도 사실입니다. 그러나 하이데거의 이러한 주장은 현대가 갖는 근본적인 특성을 오히려 드러냈다고 볼 수 있습니다. 자본주의든 나치즘이든 사회주의든 우리 시대에 나타난 거대한 사회체제들을 살펴보면, 각 체제 간의 차이에도 불구하고 간과할 수 없는 동일성이 존재함을 부정할 수 없습니다. 자본주의는 시장경제를 통해 사람들을 사고팔 수 있는 노동 에너지로 환원시키고, 나치즘이나 공산주의는 사람들을 국가의 전체적인 계획을 위해 사용할 수 있는 기술 부품으로 만들어버리기 때문입니다.

요즘 시대는 세계대전 같은 대규모 전쟁이 딱히 일어

나지 않기에 언뜻 평화가 지배하고 있는 것처럼 보입니다. 그러나 하이데거는 현대기술문명에서 전쟁 상태와 평화 상태 사이에는 본질적인 차이가 없다고 봅니다. 과거처럼 무력에 의한 전쟁은 아니더라도 경제 전쟁이 일어나고 있고, 각국이 그 전쟁에서 승리하기 위해 자연과 인간의 에너지를 최대한 뽑아내고 있는 것이 오늘날의 실상이기 때문입니다.

과학기술시대라 불리는 지금의 세계는 가장 이성적인 세계인 것 같지만 하이데거가 보기에는 광기가 지배하는 시대입니다. 하이데거가 아니더라도 제대로 정신을 차리고 우리 주변을 바라보면 이 시대는 미친 시대라는 생각을 누구나 하게 될 것입니다. 니체 Friedrich Nietzsche 는 하이데거와는 다른 맥락에서지만 한때 '유럽은 거대한 정신병원이다'는 진단을 내리기도 했지요.

지금 이 순간에도 생태계는 계속 무너지고, 지구를 순식간에 파괴할 수 있는 무기들은 계속 만들어지고 있습니다. 또한 수많은 사람들은 갖가지 종교적 이념과 정치적 이데올로기의 희생양이 되고 있습니다. 이 광기의 시대를 우리는 어떻게 극복할 수 있을까요?

41

2장 과학과 기술에 대한 우상 숭배

서양철학 전통에서 인간은
이성적 동물로 파악되었고
이러한 인간 이해가
극에 달한 것이 바로
과학기술문명이다.
이 시대의 과학기술은
전지전능한 신과 같은
존재가 되었다.
우리는 스스로
과학기술문명의 주체라고
자부하며 살지만 실은
현대라는 거대한 기계 속의
부품으로 소모되고 있을
뿐이다.

" 노동하는 동물은

　　자신이 만들어놓은 것에 도취되어 있다.

　　이를 통해 그는 자기 자신을 해체해버리고

　　공허한 무로 파괴해버린다. **"**

　　　—마르틴 하이데거

과학과 기술은 과연 인간의 도구인가

사람들은 보통 현대기술문명의 문제점을 인간의 도덕적 능력이 과학기술의 발달속도를 따라가지 못한다는 데서 찾곤 합니다. 다시 말해 현대기술문명의 근본적인 문제점은 비판적이고 윤리적인 이성은 멀리하고 도구적인 이성만을 발전시킨다는 데에 있다는 것입니다.

여기서 도구적 이성이란 도구로서의 역할만 하는 이성을 의미합니다. 오늘날 도구적 이성만이 발전했다는 말은 정작 이런 도구가 사용되어야 할 목적을 제시하거나 비판하고 평가하는 윤리적 이성의 측면이 무시되고 있음을 뜻합니다.

도구적 이성은 현대에서 과학기술적 이성으로 나타납

45

니다. 과학기술적 이성은 어떤 목적을 실현하기 위해 사태를 분석하고 이에 대한 방안은 제시할 수 있지만 목적 자체를 제시할 수는 없습니다. 따라서 과학과 기술은 선한 목적으로든 악한 목적으로든, 선한 인간에 의해서든 악한 인간에 의해서든 똑같이 사용될 수 있습니다.

겔렌Arnold Gehlen이나 하버마스Jürgen Habermas 같은 철학자들은 과학과 기술을 손이나 발 그리고 두뇌와 같은 인간의 유기체적인 기능을 보완하기 위한 도구로 봅니다. 예를 들어 마차는 인간의 발을 보완하기 위해 발명되었고, 자동차나 비행기는 마차를 정교화한 것에 지나지 않는다는 것이지요.

이처럼 과학과 기술이 인간을 위한 도구라고 보는 견해를 가리켜 하이데거는 '인간학적이고 도구적인' 기술 해석이라고 칭합니다. 이러한 해석은 겔렌이나 하버마스 같은 철학자들뿐 아니라 과학과 기술에 대해 대부분의 현대인들이 가지고 있는 통념이라고 할 수 있습니다.

이러한 통념에 따르면 현대기술문명의 근본적인 문제점은 과학과 기술이라는 도구를 제대로 사용할 만큼 사람들이 도덕적으로 성숙하지 못하다는 데 있습니다. 다시 말해 과학과 기술의 사용을 지배하는 것은 이성적인 고려가 아니라 특정 계급의 이해관심이나 국가적·지역적 이해관심 그리고 인간 개개인의 이기주의적인 이해관심이라는 것입니다. 이제까지 인간들은 특정 목적의 실현 방법을 강구하는 데 있어서는 철저히 합리적이었지만 그 목적 자체를 설정하는 데 있어서는 비합리적이었고, 그렇기에 지금부터는 인간의 이성적 통제하에서 과학과 기술이 사용되어야 한다는 것이죠.

그런데 하이데거는 현대의 과학과 기술이 단순히 도구적인 것에 불과하다는 견해에 의문을 제기합니다. 오히려 현대인들은 과학기술을 도구로 보는 것을 넘어 그것에 절대적으로 의존하고 있으며, 과학과 기술이 이미 일종의 종교가 되어버린 것은 아닌지를 묻는 것입니다. 아울러 하이데거는 우리가 단순히 도덕적이고 비판적인 이성을 회복한다고 해서 과학과 기술의 주인이 될 수 있을지에 대해서도 회의를 표합니다.

과학과 기술이 일종의 종교적 현상이라면 이는 인간이 이성적 주체가 된다고 해서 극복될 수 있는 사안이 아닙니다. 사람들은 이성적인 설득을 통해서 종교를 믿거나 버리지는 않기 때문입니다. 그러므로 하이데거는 인간이 도덕적·비판적 이성능력을 회복한다면 현대기술문명의 문제를 극복할 수 있을 것이라는 견해에 대해 '이는 현대기술문명이 가지고 있는 심층적 성격을 파악하지 못한 순진한 생각'이라고 평가할 것입니다.

하이데거는 현대의 과학기술이 갖는 역사적 특수성에 주목합니다. 과학과 기술을 단순히 인간의 욕구를 충족시키는 도구라는 점에서만 바라본다면, 현대의 과학기술은 과거에 비해 좀 더 정밀하고 정교해진 것 뿐입니다. 과거의 과학과 기술은 현대에 비해 단순하고 원시적이었으니까요. 그러나 하이데거는 현대의 과학과 기술은 단순한 도구가 아니라 자연은 물론 인간의 삶 전체를 파악하고 관리하는 방식이라고 이야기합니다.

현대를 흔히 과학기술시대라고 부르는데, 이는 단순히 현대인들이 자동차, 비행기 등 옛날 사람들이 꿈도 꾸지 못했던 과학기술문명의 산물들을 사용하고 있다는 뜻이 아닙니다. 신에 대한 신앙이 사람들의 삶을 근본적으로 규정했던 서양의 중세시대를 기독교시대라고 부르듯, 과학기술시대라는 표현은 근대적 과학과 기술이 우리 삶을 철저하게 규정하고 있음을 의미합니다.

　신만이 진리를 드러내고 신만이 인간을 구원할 수 있다고 서양의 중세인들이 믿었던 것과 마찬가지로, 오늘날 우리는 과학이야말로 진리를 드러내고 과학을 응용한 기술만이 인간의 삶을 안전한 토대 위에 올려놓을 수 있다고 믿습니다. 단적으로 말해 중세시대의 서양인들이 신에 전적으로 의존하려고 했듯이, 현대인들은 전적으로 과학과 기술에 의존하면서 이것이야말로 존재자들을 파악하고 그것들과 관계하는 유일하게 올바른 길이라고 믿는 것이지요.

우상이 되어버린 과학기술

오늘날 많은 사람들이 기독교나 이슬람교 그리고 불교 같은 전통적인 종교들을 믿고 있지만 현대인들이 사실상 신봉하는 것은 과학기술의 힘입니다. 현대인들은 자신이 겪는 고통을 신에 대한 호소가 아닌 과학기술로써 해결하려 합니다. 홍수 같은 자연재해에 대해서는 공학

49

과 공학기술에, 질병과 노화와 같은 육체적인 고통에 대해서는 의학과 의료기술에, 그리고 사회·정치적 문제들에 대해서는 정치공학과 정치기술에 의존해야 한다고 생각합니다.

고대와 중세시대에 이룩된 기술적 진보, 즉 마차와 풍차 등은 삶을 편리하게 하는 도구에 지나지 않았습니다. 그러나 현대인들에게 있어 과학기술은 도구 이상의 의미를 가집니다. 삶의 여러 문제들을 해결하기 위해 우리가 궁극적으로 의존해야 할 우상이 되어버린 것입니다.

이런 의미에서 오늘날 과학과 기술은 일종의 신적神的인 존재가 되었고, 현대는 종교와 가장 무관한 시대인 것처럼 보이면서도 가장 종교적인 시대가 되었다고 할 수 있습니다. 이렇게 과학기술이 인류의 문제를 해결할 수 있다고 믿는 현상을 가리켜 에리히 프롬Erich Fromm은 '산업종교'라고 부르기도 했습니다.

기독교든 산업종교든 어떤 하나의 종교에 빠진 인간을 이성적으로 설득함으로써 그 종교를 포기하게 하는 것은 거의 불가능합니다. 특정 종교에 대한 믿음은 이성적인 논리와 설득으로 극복될 수 있는 현상이 아닙니다.

과학과 기술을 인간의 도구에 지나지 않는 것으로만 보는 사람들을 향해 하이데거가 '현대기술문명의 본질을 보지 못하고 있다'고 비판하는 것은 바로 이 때문입니다. 이들은 현대기술문명의 종교적 성격을 보지 못하고 단순히 도덕적·이성적 설득을 통해 과학과 기술을 제대로 사용하게 할 수 있다고 믿는다는 것이죠.

그러나 하이데거는 현대의 기술문명이 종교적 현상이라는 점에서, 우리가 과학기술에 대한 의존에서 벗어나 그것에 대한 자유로운 관계를 회복하려면 일종의 종교적 회심이 필요하다고 이야기합니다.

과학기술문명이 대두되기 이전의 서양인들은 기독교적인 관점에서 세계를 이해했습니다. 이 세계는 인격신이 창조했으며 세계의 모든 것은 인격신의 섭리 아래 있는 것으로 받아들여졌지요. 반면에 근대과학은 세계를 '양화量化 가능한 에너지들의 연관체계'에 지나지 않는다고 봅니다. 이러한 과학적인 세계이해는 결국에는 인간마저도 다른 사물들과 마찬가지로 한갓 '계산 가능하고 기술적으로 처리되어야 할 에너지'로 간주하는 지경에까지 이르게 됩니다.

현대인들은 지상에서 인간들이 겪는 모든 문제도 에너지들의 상호작용에서 비롯됐기 때문에 에너지들 사이의 연관관계를 적절히 조절하면 그러한 문제들을 해결할 수 있다고 생각합니다. 현대인들이 과학과 기술에 절대적으로 의존하는 이유는 그것들만이 우리에게 에너지들의 운동법칙을 알려주고 그 에너지들을 우리 인간에게 유리하게 이용할 수 있는 방법을 제공한다고 보기 때문입니다.

네크로필리아가 지배하는 세상

현대인들이 과학과 기술을 신처럼 숭배하고 그것에 절대적으로 의존하는 근본적인 이유는 무엇일까요? 하이데거는 현대인들이 이 세계를 인식할 때 전제하고 있는 특정한 '세계이해'가 이러한 현상을 낳았다고 보았습니다.

현대의 모든 삶은 인간의 목적을 위해 존재자들을 얼마든지 변환 가능한 에너지로 여기는 세계이해에 의해 규정되고 있습니다. 이러한 '기술적 세계이해'에 의해 강은 수력의 제공처로 간주되고, 수력은 전력을 얻기 위한 수단으로, 전력은 모터를 돌리기 위해 필요한 동력을 확보하는 수단이 되는 것이지요. 그리고 인간은 이러한 동력을 활용하여 자신의 노동을 수월하게 합니다.

자연을 이렇게 서로 변환 가능한 에너지들의 연관체계로 보는 태도는 사실 기술문명이 본격적으로 대두되기 전, 근대 초기에 출현한 자연과학에서 이미 나타나기 시작했습니다.

근대의 자연과학에서 자연은 '계산을 통해서 예견이 가능한 힘들의 연관체계'로 파악되었습니다. 즉, 자연은 인간이 그 작용 방식을 정밀하게 파악할 수 있고 자신의 의도에 맞춰 이용할 수 있는 힘들의 연관체계로 이해되고 탐구되었다는 뜻입니다. 이 때문에 자연과학이라는 학문은 기술적으로 응용될 수 있었습니다. 단적으로 말해 자연과학이라는 학문 자체에 이미 기술적 성격이 있는 것이지요.

이런 의미에서 하이데거는 근대의 과학은 '사물을 정복하고 만물을 보편적으로 지배하는 하나의 방식이다. 따라서 현대과학의 응용은 더 이상 과학에 대해서 외적

53

인 것, 즉 과학에 부가된 것이 아닌 과학 자체의 본질이 되었다'라고 말합니다.

근대의 기술이 자연에서 에너지를 뽑아내고 그것을 다시 다른 에너지로 변환시키는 성격을 갖는 한 그것은 정밀한 자연과학을 사용하지 않을 수 없습니다. 따라서 현대의 과학과 기술은 단순한 도구가 아니라 인간이 존재자들을 드러내고 존재자들과 관계하는 독특한 방식으로서 작용합니다.

우리가 과학을 통해 세계를 완전히 해명하려 하고 기술을 통해 그것을 완전히 지배하려고 하는 한, 기술문명의 팽창은 멈출 수 없을 것입니다. 따라서 기술문명의 근저에는 세계 전체를 자신의 지배하에 두려는 의지가 작용하고 있다고 볼 수 있습니다.

하이데거는 현대인들이 거대한 착각에 사로잡혀 있다고 이야기합니다. 인간은 기술문명의 어떠한 주체도 아니면서 자신이 주체라고 생각하는 착각 말입니다. 그러나 현대기술문명을 실질적으로 지배하고 있는 것은 세계를 기술적으로 소유하고 지배하려는 '의지' 내지는 '탐욕'이라고 할 수 있습니다.

그런데 문제는 현대인들이 이러한 의지나 탐욕의 주체가 자기 자신이라고 생각한다는 점에 있습니다. 이러한 탐욕이 자기 자신의 탐욕이라 여기고 그것을 채우기 위해 다른 사물들로 하여금 그들의 에너지를 내놓도록 강요하고 있는 것이지요. 더 나아가 우리는 자기 자신도 노동 에너지라 여기고 자기 자신에게마저도 에너지를 내놓으라며 스스로를 몰아대고 있습니다. 그렇다면 과연 우리가 탐욕의 주인이라 할 수 있을까요? 오히려 탐욕의 노예인 것은 아닐까요?

현대인들이 기꺼이 탐욕의 노예로 살아가는 이유는 무엇일까요? 그것은 바로 자신의 심신을 혹사하는 대가로 받는 물자들에 도취되어 있기 때문입니다. 사람들은 자신의 에너지를 뽑아낸 대가로 안락한 주택이나 자동차 그리고 스마트폰이나 고급 가전제품을 구입합니다. 이러한 물자들을 통해 현대인들은 자신의 삶이 안전해졌을 뿐 아니라 풍요롭고 행복해졌다고 생각합니다. 서양의 중세시대에는 우리 삶의 안전과 풍요를 신이 가져다준다고 믿었지만, 현대에는 기술적인 물자들이 그 역할을 해주리라 믿는 것입니다.

55

하이데거의 이러한 문제의식은 『소유냐 존재냐To Have or To Be』라는 책을 쓴 에리히 프롬의 생각과 상통하는 면이 있습니다. 인간을 비롯한 살아 있는 생명들보다는 정교하고 깔끔한 인공물에 더 의지하고 그것들을 더 좋아하는 성향을 에리히 프롬은 네크로필리아Necro-philia라 일컫습니다.

네크로필리아는 원래 시체나 부패한 것을 좋아하는 심리적인 성향을 가리키지만 에리히 프롬은 부인이 아플 때보다도 자동차가 부서졌을 때 더 안타까워하는 현대인들의 물질주의적인 성향을 가리키며 이 표현을 사용합니다. 네크로필리아가 지배하는 현대기술문명의 현실에 대해 프롬은 이렇게 이야기합니다.

생명의 세계는 '비非생명'의 세계가 되어버렸다. 사람들은 '비인간'이 되고, 죽음의 세계가 되었다. 이러한 죽음의 상징은 지금에 와서는 청결하고 번쩍거리는 기계다. 사람들은 냄새 나는 변소가 아니라 알루미늄이나 유리의 구조물에 마음이 끌리고 있다.8)

또한 프롬은 이렇게 말합니다.

그러나 이 방부처리를 마친 표면의 뒤에 있는 현실이 점점 분명해지고 있다. 인간은 진보의 이름 밑에서 세계를 악취 나는 유독한 장소로 변모시키고 있는 것이다(나아가 이것은 단순히 상징적인 의미에서 하는 말이 아니다). 인간은 공기, 물, 흙, 동물, 그리고 자기 자신을 오염시키고 있다. 이러한 방법이 너무나도 대규모적이므로, 앞으로 100년도 지나가기 전에 지구에 전과 같이 사람들이 살 수 있을지가 의심스러워졌다.

사람들은 이러한 사실을 알고 있지만, 많은 사람들의 항의에도 불구하고 책임 있는 지위의 사람들은 계속해서 기술적 '진보'를 추구하며 우상숭배를 위하여 모든 생명을 희생으로 삼으려 하고 있다. (중략)

동일한 사실을 핵전쟁을 위한 무장에 대해서도 말할 수 있다. 두 개의 초강국이 서로를 멸망시키고, 인류의 대부분을 멸망시키는 능력을 끊임없이 증대시키고 있다. 더 나아가 그들은 이러한 위험을 제거하기 위해서 성실하게 한 것이 아무것도 없다.[9]

57

기술적 세계이해를 넘어서

하이데거는 인간은 노동하는 동물이 되어버렸고 노동의 대가로 갖가지 향락 물자를 제공받으며 그것에 탐닉하는 존재가 되어버렸다고 말합니다.

> 노동하는 동물은 자신이 만들어놓은 것에 도취되어 있다. 이를 통해 그는 자기 자신을 해체해버리고 공허한 무로 파괴해버린다.[10]

노동과 향락은 현대인들이 삶을 살아가는 모습입니다. 그러나 하이데거는 노동과 향락으로만 이루어진 삶은 어떠한 무게와 존엄도 갖지 않는 공허한 무無에 불과하다고 말합니다.

이 시대의 위기를 극복하려면 무엇보다도 이 시대가 위기의 시대임을 깨달아야 합니다. 아니, 깨달을 뿐 아니라 온몸으로 뼈저리게 느껴야 합니다. 그러나 하이데거가 보기에 현대인들은 이 시대를 위기의 시대로 느끼기는커녕 오히려 자신들이 만들어낸 물건들에 도취해 있을 뿐입니다.

하이데거는 이 시대의 위기를 사람들이 깨닫지도 느끼지도 못한다는 것 자체가 바로 오늘날의 위기가 갖는 근본적인 심각성이라고 보았습니다. 이러한 사태를 하이데거는 '위기 상실Notlosigkeit의 위기'라고 부르며, 다음과 같이 말합니다.

대지는 정신적으로 타락할 대로 타락하여, 여러 민족들은 그러한 타락을 적어도 타락으로서 파악할 수 있는 일말의 정신력마저도 상실할 위험에 처해 있다.[11]

과학과 기술이 인간을 비롯한 모든 존재자를 한갓 에너지원으로 남용하는 이 시대의 위기를 극복하려면 과학과 기술이 전제하고 있는 세계이해와는 전적으로 다른 세계이해가 필요합니다. 이러한 새로운 세계이해는 단순히 우리의 마음뿐 아니라 몸까지 사로잡는 것이지 않으면 안 됩니다. 그 경우에만 우리는 과학기술에 대한 우상숭배라는 산업종교를 넘어설 수 있는 힘을 가질 수 있기 때문입니다.

따라서 이러한 새로운 세계이해는 단순히 머릿속에서 '아, 세계는 이렇게 생겼구나'라고 이해하는 것을 넘어 우리의 삶 전체를 철저하게 규정하는 것이어야 합니다. 기술적 세계이해가 단순히 세계에 대한 지적 이해에 그치지 않고 현대인들의 사고와 행동 그리고 사회체제까지도 철저하게 규정하듯이 말입니다.

따라서 새로운 세계이해를 갖는다는 것은 인간이 전적으로 새로운 인간이 된다는 것을 의미합니다. 이는 기독교적인 세계이해에 사로잡혀 있던 전근대의 서양인들에 비해서 기술적 세계이해에 사로잡혀 있는 현대인들이 전혀 새로운 인간이라고 할 수 있는 것과 마찬가지입니다.

이 점에서 현대기술문명이 전제하는 기술적 세계이해를 넘어 새로운 세계이해를 갖는 것은 일종의 종교적 회심에 가까운 것입니다. 그러나 이렇게 우리에게 종교적 회심을 요구할 수 있는 새로운 세계이해는 어떠한 것이고, 또 어떻게 주어질 수 있을까요?

하이데거는 인격신이 세상을 창조했다고 믿는 전근대적인 기독교 신앙은 이러한 새로운 세계이해가 될 수 없다는 사실을 분명히 합니다. 하이데거가 봤을 때 이러한 새로운 세계이해는 바로 시$_{詩}$를 통해서 주어질 수 있기 때문입니다.

3장 우리의 삶은 왜 이토록 공허한가

오늘날 우리는 권태와 무기력으로부터 벗어나기 위해 소비와 오락 등 자극적인 것에 탐닉하거나, 남의 흠을 들추어 자신의 우월함을 확인하려는 가십거리로 하루를 채우고 있다.

하이데거는 이를 두고 "오늘날 인간은 존재를 망각했다"고 이야기한다. 이러한 존재 상실에서 오는 공허함을 무엇으로 채울 수 있을까?

66 당신은 일찍이

사물이 존재하고 있다는 단순한 사실 그 자체에

마음을 빼앗긴 적이 있는가?

당신은 당신 자신에게 당신 앞의 한 인간이든

아니면 하나의 꽃이든 아니면 한 알의 모래알이든

'그것이 거기에 존재한다!(It is!)'고

말해본 적이 있는가? **99**

— 새뮤얼 콜리지

존재가 존재자에게서 빠져 달아나버렸다

인간이 소비하는 물질이 넘쳐나는 이 시대는 얼핏 풍요로워 보이지만 하이데거는 오히려 '궁핍한 시대'라고 부릅니다. 그 이유에 대해 하이데거는 이렇게 말합니다.

존재자에게서 존재가 빠져 달아나버렸다.

여기서 '존재자'란 인간과 자연 그리고 모든 사물을 의미하고, '존재'는 그것들이 가진 고유하고 성스러운 성격을 뜻합니다. 즉 하이데거의 이 말은 인간과 자연, 그리고 사물에 깃들어 있는 '성스러움'이 오늘날에는 사라져버렸다는 뜻입니다.

65

성스러움은 우리가 마음대로 처리하고 처분할 수 없고 우리의 경외감을 불러일으키는 존재자가 갖는 성격을 가리킵니다. 존재자에게서 빠져 달아나버린 '존재'란 존재자가 갖는 이러한 성스러운 성격을 가리킵니다. 기술시대에서 존재자는 인간의 처분에 내맡겨진 에너지 자원으로 나타납니다. 이에 따라서 우리는 존재자를 전혀 성스러운 것으로 느낄 수 없게 되었습니다.

우리가 존재자를 에너지원으로 간주할 때 존재자가 갖는 성스러운 성격은 은폐되고 맙니다. 그 경우 존재자는 자신의 고유한 존재를 갖지 못하고 인간을 위한 수단으로 전락하지요. 이에 반해 존재자를 성스러운 것으로 경험할 때 우리는 존재자를 우리가 무시할 수 없는 고유한 존재를 갖는 것으로 여깁니다.

이런 의미에서 하이데거는 존재자가 갖는 성스러운 성격을 '존재자의 고유한 존재'라고도 부릅니다. '존재자가 고유한 존재를 갖는다'는 말은 존재자들의 특성이 각각 다르다는 단순한 의미가 아닙니다. 그 말은 모든 존재자는 인간이 마음대로 처분할 수 있는 수단이 아니라 우리가 존중해야 할 독자적인 존재를 갖는다는 것을 뜻합니다.

3장 우리의 삶은 왜 이토록 공허한가

우리는 흔히 '존재한다'는 표현을 어떤 사물이 대상으로서 눈앞에 있다는 의미로 사용합니다. 예를 들어 나는 지금 글을 쓰면서 책상을 볼 수 있기에 책상이 '존재한다'고 말합니다. 그러나 하이데거가 말하는 '존재'는 존재자가 단순히 눈앞에 존재한다는 것을 넘어서는 특별한 의미를 갖습니다. '존재가 존재자에게서 빠져 달아나버렸다'라는 하이데거의 표현은 존재자가 갑자기 눈앞에서 안 보이게 되었다는 뜻이 아니라 존재자가 갖는 성스러운 성격이 은폐되고 존재자가 한갓 에너지 자원으로 나타난다는 것을 의미합니다.

성스러움은 우리가 기술적으로 처리할 수 없는 것일 뿐 아니라 이론적으로도 완전히 해명할 수 없는 것입니다. 어떤 사물을 이론적으로 완전히 파악해버리면 그 사물은 더 이상 우리에게 신비로운 것이 아닌 만만한 존재로 나타납니다. 따라서 성스러움은 우리의 이론적인 파악을 거부하면서 자신을 은닉하는 것으로서 나타납니다. 이런 맥락에서 하이데거는 '존재가 자신을 은닉한다'라고 말하기도 합니다.

67

'존재자가 존재한다'는 것의 의미

존재자를 성스러운 것으로 경험할 때 우리는 새삼 '존재자가 존재한다'는 사실에 대해 경이로움을 느낄 수 있습니다. 거듭 말하지만 이 경우 '존재자가 존재한다'는 사실은 존재자가 단순히 우리 눈앞에 존재한다는 뜻이 아니라 존재자가 성스러운 성격, 다시 말해 우리가 함부로 할 수 없는 고유한 존재를 갖고 있다는 사실을 의미합니다.

존재자가 이렇게 우리를 위한 도구나 수단으로 존재하지 않고 고유한 존재를 갖는 것으로 나타날 때, 우리는 존재자에게서 발하는 성스러운 빛을 보게 됩니다.

하이데거가 말하고 싶어 하는 것을 일찍이 영국 시인 새뮤얼 콜리지Samuel Coleridge도 경험했던 것 같습니다.

당신은 일찍이 사물이 존재하고 있다는 단순한 사실 그 자체에 마음을 빼앗긴 적이 있는가? 당신은 당신 자신에게 당신 앞의 한 인간이든 아니면 하나의 꽃이든 아니면 한 알의 모래알이든 '**그것이 거기에 존재한다!** It is!'고 말해본 적이 있는가? 그것들이 어떤 방식으로 있는지 그리고 그것들이 어떤 형태를 갖는지에는 전혀 관심을 갖지 않은 채 말이다. (중략) 그러한 경험을 가진 적이 있다면 당신은 당신의 정신을 경외와 경탄으로 사로잡는 어떤 신비의 현존을 느꼈을 것이다.

여기서 콜리지는 우리에게 한 인간이든 하나의 꽃이든 아니면 한 알의 모래알이든 그것이 존재한다는 사실에 대해 신비를 느낀 적이 있는지를 묻고 있습니다. 인간이나 꽃 그리고 모래알은 우리가 일상적으로 늘 접하는 평범한 것들입니다. 이것들에게서 우리는 대개 아무런 신비도 느끼지 못합니다.

우리는 잠자는 시간을 제외한 거의 모든 순간에 일상에 쫓겨서 살고 있습니다. 학생은 시험공부에, 어른은 직장 일 혹은 자식 일에 쫓깁니다. 온통 이런 일들에 사로잡혀 있다 보니 우리는 그 일과 관련이 없는 것들에 대해서는 아무런 관심을 가지지 못합니다. 따라서 우리는 대개 아름다운 꽃이나 푸르른 산을 보면서도 무심코 지나치며 그것들의 존재를 대수롭지 않게 여깁니다. 심지어 어떤 사람의 얼굴을 볼 때도 그 사람의 얼굴 자체를

69

신비로운 것으로 보기는커녕 그 사람이 자신의 일에 도움이 될 것 같으면 반가운 얼굴로, 그렇지 않으면 기분 나쁜 얼굴로 보곤 하지요.

그러나 때때로 우리는 길가의 돌이나 꽃을 경이로운 것으로 경험할 때가 있습니다. 이러한 돌이나 꽃은 우리가 그전에 별 관심 없이 지나쳤던 평범한 것들입니다. 그 돌이나 꽃에서 변화된 것은 아무것도 없습니다. 그 돌이 다른 돌에 비해서 갑자기 커진 것도 아니고 모양이 기이해진 것도 아니며, 그 꽃이 다른 꽃에 비해서 갑자기 예뻐진 것도 아닙니다. 그것들은 우리가 그것들을 무심코 지나쳤던 당시와 동일한 모습으로 존재합니다. 그럼에도 그 동일한 돌이나 꽃이 경이롭게 느껴지면서 우리의 관심을 끄는 것이지요.

이때 변화된 것은 돌이나 꽃이 아니라 그것들을 보는 우리의 마음일 뿐입니다. 우리의 마음은 매일매일의 일들에 쫓기다 보니 그것들을 호젓하게 바라볼 수 있는 여유가 없습니다. 또, 바쁜 일들에서 벗어나 시간적으로 여유가 생기더라도 권태와 무기력에 빠지기 쉽습니다. 이러한 권태와 무기력에서 벗어나기 위해 우리는 무언

가 새로운 것을 찾아 헤맵니다. 자극적인 소재를 찾아 인
터넷을 검색하거나 TV 채널을 계속 돌리면서 말입니다.

비교의식, 잡담과 호기심이 지배하는 삶

하이데거는 『존재와 시간』에서 우리의 일상적 삶이 잡담
과 호기심으로 점철되어 있다고 보았습니다. 타인에 대
한 비교의식에 일상적으로 사로잡혀 있는 우리는 학업
성적이나 사회적 지위, 재산 같은 세간적인 가치들을 중
심으로 하여 자신을 타인과 비교하고 규정합니다. 학업
성적이 보잘것없으면 자신을 공부 못하는 사람으로 규
정하고 공부 잘하는 사람에 대해서 열등감을 느낍니다.

이런 의미에서 하이데거는 우리는 일상적으로 격차에
대한 우려Sorge에 사로잡혀 있다고 말합니다. 자신이 타
인보다 많이 뒤떨어져 있으면 그 격차를 줄이려 하고 타
인이 자신을 바짝 뒤쫓아오면 그 격차를 벌리려고 합니
다. 이렇게 비교의식이 지배하는 인간관계에서 사람들
은 부지불식간에 서로 경쟁하게 되고 서로에 대해 노골

71

적으로 질투하거나 혹은 은밀하게 시기합니다. 또 호의라는 가면을 쓰고 서로 위하는 척하면서도 사실은 서로 살피고 남몰래 엿들으며 반목하고 있습니다.

이렇게 비교의식이 일상을 지배함에 따라 타인에 대한 우리의 관심은 자신의 권태를 메우는 수단이 되거나 다른 사람의 흠을 들추어 그들보다 자신이 우월하다는 것을 확인하기 위한 호기심이 되기 쉽습니다. 또한 타인에 대해 우리가 하는 말 역시, 그 사람에 대한 아무런 애정이나 진실성이 깃들어 있지 않은 잡담이 되곤 합니다. 우리가 아무리 다른 사람들에 대해서 많은 말을 해도 그 사람은 우리에게 가십거리밖에 되지 못하며 그 사람과 우리 사이의 거리는 좁혀지지 않습니다.

다른 사람들보다 더 많은 세간적인 가치를 실현하기 위해 바쁘게 살지만 정작 마음 밑바닥에서 우리는 이러한 삶에 대해 염증과 공허감을 느끼고 있습니다. 그것을 밀어내기 위해 우리는 호기심에 차서 끊임없이 새로운 것들을 쫓아다니고, 그 과정에서 맛보게 되는 긴장과 흥분으로 허한 마음을 메우려 합니다.

이렇게 호기심에 사로잡힌 상태에서는 그 어느 것에도

깊은 애정을 가질 수 없기 때문에 우리는 도처에 있으면서도 아무 데도 없고, 그 어디에도 깊이 뿌리를 내리지 못한 채 모든 것을 항상 피상적으로 스쳐 지나갑니다. 하이데거는 이렇게 호기심에 사로잡힌 삶은 '고향을 상실한 무정주성無定住性'의 성격을 갖는다고 말합니다.

잡담은 호기심에 의해 규정되면서도 다른 한편으로는 무엇에 대해 호기심을 가져야 할지를 규정해줍니다. 우리는 사람들의 잡담에 귀를 기울이면서 잡담거리가 되고 있는 것들에 대해 호기심을 가집니다. 이런 의미에서 잡담은 사람들이 무엇을 읽어야 하고 무엇을 보아야 하는지를 규정합니다.

잡담과 호기심은 이렇게 서로가 서로를 조장하면서 일상적 삶의 뿌리 상실, 즉 우리가 '도처에 있으면서도 그 어느 곳에도 뿌리를 내리고 진득하게 있지 못하는 상태'를 강화합니다. 호기심과 잡담에는 우리가 존중해야 할, 어떠한 비밀스럽고 신비로운 차원도 존재하지 않습니다. 그러나 그것들은 나름의 흥분과 긴장을 제공하기 때문에 우리는 잡담과 호기심을 통해 자신이 진정으로 생생한 인생을 살고 있다고 착각합니다.

존재 상실의 공허함이 지배하는 시대

간혹 우리는 나날의 일들에 쫓기며 살다가도 사물이나 다른 사람들을 호기심거리나 잡담거리로 만드는 상태에서 벗어나 호젓한 마음으로 세상을 바라볼 때가 있습니다. 이때 세상은 우리에게 다른 모습으로 다가오고, 그전까지는 진부한 것으로 보아 넘겼던 돌이나 꽃 같은 평범한 사물들이 갑자기 경이롭게 느껴집니다. 이런 경우에는 몇몇 특정한 돌과 꽃만이 아니라 모든 것, 다시 말해 세계 전체가 그렇게 다가옵니다.

하지만 이것은 세계가 변했기 때문이 아닙니다. 세계는 원래 이렇게 경이로운 것이었지만 그동안 우리는 일상에 쫓기고 호기심, 잡담에 빠져 세계를 피상적으로만 보았을 뿐입니다. 따라서 변한 것은 세계가 아니라 우리의 마음입니다. 우리의 마음이 존재자들을 지배하고 소유하려는 탐욕과 호기심과 잡담에 빠져 있던 상태에서 벗어나 세계 전체의 경이로움을 담을 수 있는 열린 공간이 된 것입니다.

돌과 꽃을 비롯한 모든 사물에서 우리가 이렇게 경이

를 느끼는 이유는 그 사물이 갖는 어떤 특별한 속성 때문이 아닙니다. 앞서 말한 것처럼 어떤 돌이 다른 돌보다 커서도 아니고, 어떤 꽃이 다른 꽃보다 더 예뻐서도 아닙니다. 우리는 모든 종류의 비교의식을 떠나 각각의 돌 자체와 각각의 꽃 자체에 대해서 경이를 느낄 뿐입니다.

우리가 경이를 느낄 때 그것들은 이제 신비로운 빛을 발하는 것으로서 우리를 매료시킵니다. 이러한 빛을 감지하면 우리는 새삼 그 돌이 '존재한다'고 말하게 됩니다. 단순히 이 돌이 우리 눈앞에 존재한다거나 그것이 우리를 위한 한갓 수단으로서 존재한다고 말하는 것이 아니라 우리가 함부로 할 수 없는 고유한 존재를 갖는다고 이야기하는 것입니다. 존재자들이 갖는 이러한 고유한 존재를 경험하는 것을 하이데거는 '존재 경험'이라고 일컫습니다. 하지만 그는 이러한 존재 경험이 오늘날에는 사라져버렸다고 이야기합니다.

존재자들의 독자적인 존재를 경험할 수 있는 존재자는 인간뿐입니다. 본능적인 욕망에 따르며 사는 동물들은 존재자들이 독자적인 존재를 가지고 있다는 사실을 경험할 수 없습니다. 동물에게 다른 존재자들은 그저 자신이 먹을 수 있거나 자신을 위협하는 것으로 나타날 뿐이니까요. 따라서 '존재자들의 고유한 존재'는 인간을 통해서 비로소 존재자들에게 현현顯現하게 된다고 볼 수 있습니다.

그런데 오늘날 인간은 존재자들을 다른 에너지로 얼마든지 변환될 수 있는 수단으로 여깁니다. 이에 따라 존재자들의 고유한 존재는 존재자들에 현현하지 못하고 빠져 달아나버린 것이지요. 또한 존재자들이 발하는 성스러운 빛은 사라지고 모두 빛바랜 모습을 드러내고 있을 뿐입니다. 하이데거가 이 시대를 궁핍한 시대라고 일컫는 이유는 바로 이 때문입니다. 하이데거는 이렇게 이야기합니다.

존재자의 존재가 너무 적은 곳에서는—그리고 점차 도처에서 항상 강화되는 의지에의 의지에게는 갈수록 모든 것이 너무 적은 것으로 나타나기 때문에—대용물을 만들어내기 위해서는 기술이 개입해야만 하고 원료들을 소모해야만 한다.
그러나 '대용물'과 대용물들의 대량생산이란 의지에의

의지, 즉 질서 지우는 것의 질서die Ordnung des Ordnens의 '남김 없는' 확보die restlose Sicherung가 진행되면서 그 '자신'이 모든 것의 주체로서 존재할 수 있는 일시적 비상 수단이 아니라 유일하게 가능한 형태다.[12]

하이데거에 따르면 인간은 근본적으로 자신들이 관계하는 존재자들의 고유하고 성스러운 존재를 경험할 경우에만 자신의 삶을 충일한 것으로 느낄 수 있습니다. 그러나 오늘날 인간은 존재를 망각했고, 이에 따라 존재는 존재자에게서 빠져 달아나버렸습니다. 앞의 인용문에 나온 '존재자의 존재가 너무 적은 곳에서는'이라는 하이데거의 표현은 바로 이런 상태를 가리킵니다.

이러한 상황에서 기술시대의 인간은 정신적인 공허감에 시달립니다. 그리고 여러 가지 대용물을 만들어 그 마음을 채우려고 합니다. 이렇게 현란한 인공물들과 갖가지 오락거리 및 향락거리들을 만들고 그것들에 둘러싸여 살면서 우리는 자신의 삶이 풍요로워졌다고 착각하는 것이지요.

4장 근본기분이란 무엇인가

존재 상실의 공허함은

세계와 사물을

경이롭게 봄으로써

극복할 수 있다.

세간의 일들에 대한

호기심이나

잡담에서 벗어나

사물과 세계의 신비에

조용히 마음을 열 때

사물들은 무한한

깊이를 갖는 것으로

드러난다.

그때 비로소 우리 삶은

진정으로 충만해진다.

66 숲은 가로누워 쉬고 있고

개울물은 급히 흐른다.

바위는 묵묵히 그렇게 서 있고

비가 촉촉이 내린다.

들녘의 논밭은 기다리고

샘물이 솟는다.

바람은 잔잔히 불고

축복이 은은하게 가득하다. **99**

　　　—마르틴 하이데거

우리는 항상 기분 속에 존재한다

숲은 가로누워 쉬고 있고

개울물은 급히 흐른다.

바위는 묵묵히 그렇게 서 있고

비가 촉촉이 내린다.

들녘의 논밭은 기다리고

샘물이 솟는다.

바람은 잔잔히 불고

축복이 은은하게 가득하다.[13]

하이데거는 자신의 '존재 경험'을 위와 같은 시로 표현한 바 있습니다. 하이데거는 이 시에서 사물들, 숲과 개울물, 바위와 비, 들녘의 논밭과 샘물 그리고 바람 등 우리 주위에 너무나 자명하게 존재하기 때문에 우리가 흔히 진부한 것으로 보아 넘겼던 것들을 언급합니다.

이 시는 우리가 흔히 보는 평범한 풍경을 말하고 있기에 하이데거가 왜 이런 시를 지었는지 선뜻 이해가 되지 않을 수도 있습니다. 이 시를 읽으면서 '이렇게 쉬운 시는 나도 짓겠다'며 코웃음을 칠 수도 있고요. 흡사 이 시는 '나는 지금 글을 쓰고 있다'는 식의, 단순히 어떤 사실을 보고하는 것처럼 들리기도 합니다.

이 시를 제대로 이해하기 위해서는 이 시를 지었을 때 하이데거가 사로잡혀 있던 기분 속으로 진입하지 않으면 안 됩니다. 하이데거는 이러한 기분을 경이Erstaunen라고 부릅니다. 넓은 의미에서 보면 경이라는 기분은 어떤 것을 보고 놀라워하는 것을 가리키지만, 하이데거는 경이를 일반적인 놀람과 구별합니다.

보통 우리가 '놀라다'라는 표현을 쓸 때는 어떤 특출한 것을 보고 놀라는 것입니다. 우리는 김연아가 기존의 다른 피겨 스케이팅 선수들에 비해 월등한 기량을 발휘했을 때 놀라워하고, 기존에 보지 못했던 기이한 꽃이나 동물을 볼 때 놀라워합니다. 그러나 하이데거가 말하는 경이는 우리가 평소에 자명하고 진부한 것으로 보아 넘겼던 것들에 대해 놀라워하는 것입니다. 그렇기에 경이라는 기분에서는 모든 것이, 세계 전체가 놀라운 것으로 나타납니다.

우리는 항상 기분 속에서 존재합니다. 서양의 전통철학에서는 인간은 이성적 동물이며, 기분이나 감정은 세계와 사물을 객관적으로 파악하는 데에 방해가 된다고 보았습니다. 즉, 기분이나 감정에 사로잡히지 말아야 한다는 것이었지요. 그런데 하이데거는 인간은 항상 어떤 기분 속에 존재하고, 기분을 떠나서는 존재할 수 없다고 봅니다.

우리의 일상적인 기분은 대개 무덤덤하고 밋밋하기에 우리는 자신이 항상 기분 속에 존재하고 있다는 사실을 의식하지 못하는 경우가 많습니다. 그러나 무덤덤하고 밋밋한 기분도 기분입니다. 우리가 모든 기분과 감정으로부터 벗어나야 순조롭게 진행될 것 같은 학문적 탐구도 특정한 기분 속에서 행해져야 합니다. 흥분된 기분 속

83

에서는 학문을 할 수 없습니다. 학문은 차분하면서도 냉정한 기분을 요구합니다.

우리는 항상 특정 기분 속에 존재합니다. 따라서 어떤 기분에서 벗어나는 것은 다른 기분으로 전환하는 방식으로만 가능합니다. 예를 들어 우리가 우울하거나 불쾌한 기분 속에 있을 때면 신나는 음악을 듣거나 친구를 만나 잡담을 하면서 유쾌한 기분으로 전환하는 것처럼 말이지요.

기분이라는 것은 항상 세계를 특정 색깔로 물들입니다. 슬픈 기분에 빠져 있을 때는 세계 전체가 어둡게 나타납니다. 그런데 대부분의 기분들은 어떤 특정 사정에서 비롯되고, 그 사정의 변화와 함께 사라지는 변덕스러운 성격을 가지고 있습니다.

예를 들어 우리는 부모님이 돌아가셨기 때문에 슬퍼하고 대학시험에 떨어졌기 때문에 슬퍼합니다. 그런데 이러한 특정 사정들과는 아무런 상관없이 우리를 엄습하면서 세계 전체를 그 이전과는 완전히 다르게 개시開示하는 기분이 있습니다. 이러한 기분을 하이데거는 '근본기분'이라고 부릅니다.

앞서 언급한 경이라는 기분은 그러한 근본기분 중 하나입니다. 대표적인 근본기분의 예로 하이데거는 불안과 경악 그리고 경이와 같은 것들을 듭니다. 여기서는 경이라는 기분에 대해 살펴보겠지만 뒷부분에서 불안과 경악이라는 기분에 대해서도 알아볼 것입니다.

사물들은 하이데거가 말하는 경이라는 기분 속에서 자신들의 신비로운 성격을 드러냅니다. 그러한 신비스러운 성격은 보통의 말로는 표현할 수 없는 것입니다. 보통의 말은 무언가를 규정하는 성격을 갖고 있습니다. 규정한다는 것은 한정한다는 것을 의미하지요.

'저 산은 높다'라고 말할 때 우리는 그 산을 그 산보다 낮은 다른 산들과 비교하면서 그것이 갖는 성격을 한정합니다. 그런데 경이 속에서 우리가 어떤 산을 볼 때 그것들에서 경험하는 신비로움은 말로 표현할 수 없는 것입니다.

우리는 우리의 말이 그 산과 강의 신비로움을 표현하기에는 너무나 못 미친다는 사실을 알고 있습니다. 우리는 기껏해야 '그 산이 저기에 존재한다'라고 말할 수밖에 없습니다. 이때 '그 산이 존재한다'는 말은 그것이 단순

85

히 우리 눈앞에 있음을 의미하는 것이 아니라 그 산이 말할 수 없는 신비로움으로 우리에게 자신을 개시하고 있음을 뜻합니다. 그 경우 '존재'라는 말은 산이 가지고 있는 신비로운 충일함을 가리킵니다.

경이와 침묵 그리고 존재의 빛

사람들은 흔히 '존재'라는 말은 구체적인 내용이 결여된 공허한 개념이라 여깁니다. '존재'라는 단어는 그 단어가 쓰이고 있는 여러 문장에서 보다 구체적인 의미를 갖는 다른 말로 바꿀 수 있기 때문입니다.

예를 들어 '그 사람은 슈바벤 지방 출신으로 존재한다Der Mann ist aus dem Schwäbischen'는 '그가 슈바벤에서 태어났다'라는 말로 바꿀 수 있으며, '그 책은 네 것으로 존재한다das Buch ist dir'는 '그 책이 너에게 속한다'라는 말로 바꿀 수 있고, '그 잔은 은제로 존재한다der Becher ist aus Silber'는 '그 잔은 은으로 만들어졌다'로 바꿀 수 있는 것처럼 말입니다. 그런데 하이데거는 존재라는 말을 다른 말로 도저히 대체할 수 없는 경우가 있다고 말하면서 괴테의 시구를 인용합니다.

모든 산봉우리에 정적이 있다Über allen Gipfeln / Ist Ruh

하이데거는 여기서 '정적이 있다'는 말을 '정적이 발견된다befindet sich' '일어나고 있다findet statt' '머무르고 있다hält sich auf' '지배하고 있다herrscht' '놓여 있다liegt' '주재하고 있다waltet'로 도저히 바꿔 쓸 수 없다고 이야기합니다.

결국 우리는 '있다ist'라는 단어를 다른 말로 바꿔서 그 뜻을 분명히 하는 것을 포기하고 '모든 산봉우리에 정적이 있다'는 시구를 반복해서 읽게 될 뿐입니다. 우리가 '있다'를 다른 말로 대체할 수 없는 이유는 다른 말로 바꿨을 때 이해하기 어려워서가 아니라 그 '있다'라는 단어가 너무도 단순하게einfach 언표言表되고 있기 때문입니다. 그러나 이러한 단순함은 희귀한 풍요로움과 충만함을 간직한 단순함입니다.

괴테가 말한 '정적'은 이론적으로 파악할 수 있는 대상

87

이 아닙니다. 그럼에도 산봉우리에 정적이 '있다'는 것을 우리는 느낄 수 있으며, 그 정적은 우리 마음에 스며오면서 그 속으로 빠져들게 합니다. 그러한 정적은 산을 면밀하게 관찰함으로써 얻어지는 것이 아니라 산의 정적에 호응하면서 내 마음이 정적 속에 빠지는 방식으로만 드러납니다.

내 마음이 정적 속에 빠진다는 것은 우리의 마음을 시끄럽게 만드는 세간의 일에 대한 관심에서 벗어나 있다는 것을 의미합니다. 하이데거는 이러한 마음 상태를 '침묵'이라고 부릅니다. 이 경우 침묵은 단순히 말을 하지 않는 것이 아닙니다. 세간의 일들에 대한 호기심이나 잡담에서 벗어나 사물과 세계의 신비에 조용히 마음을 여는 태도를 가리킵니다.

성철 스님은 "산은 산이고 물은 물이다"라고 이야기한 바 있습니다. 이 말은 하이데거가 말하고자 하는 것과 동일하다고 볼 수 있습니다. 산과 물의 신비로움을 우리는 도저히 언어로 표현할 수 없기 때문에 산은 산이고 물은 물이라고 말할 수밖에 없는 것이니까요.

앞서 인용한 하이데거의 시를 다시 한 번 볼까요? 그

는 이 시를 통해 우리가 대수롭지 않게 여겼던 주변의 사물들이 갖는 신비로운 성격을 드러내려고 합니다. 이 시가 읊고 있는 숲과 개울물, 바위와 비, 들녘의 논밭과 샘물 그리고 바람은 우리가 일상적으로 경험하는 숲과 개울물, 바위와 비, 들녘의 논밭과 샘물 그리고 바람과 동일한 것들입니다. 그러나 경이라는 기분 속에서 바라볼 때 우리는 그것들에서 그전에는 볼 수 없었던 광채Schein를 보게 됩니다. 하이데거는 이러한 광채를 일컬어 '존재의 빛'이라고 말합니다.

이러한 존재는 어떤 구체적인 의미가 결여된 공허하고 추상적인 존재가 아니라 오히려 우리가 규정할 수 없는 무한한 의미로 충만한 존재입니다. 이러한 존재의 빛이 존재자들 안에서 드러날 때, 그 존재자들은 이제 우리가 단순히 보고 즐기는 대상이 아니라 오히려 무한한 깊이를 갖는 사물Ding로서 나타나게 됩니다.

정보언어와 시어

정보란 사물이나 인간을 자신에게 이로운 방식으로 이용하는 데 도움이 되는 지식을 가리킵니다. 자연과학이나 경영학을 비롯한 사회과학은 이러한 정보를 제공하는 학문입니다. 자연과학은 자연을 효율적으로 이용할 수 있는 지식을 제공하고, 사회과학은 인간들을 기업이나 특정 인간이 효율적으로 이용할 수 있는 지식을 제공하기 때문입니다.

오늘날 대학에서 주로 가르치고 학생들이 습득하기 위해서 열심히 노력하는 것은 정보언어입니다. 조선시대에는 사서삼경四書三經의 언어를, 서양의 중세시대에는 성경의 언어를 사람들이 가장 열심히 배우려 했다면 오늘날 사람들이 가장 열심히 배우려는 것은 정보언어입니다. 속된 말로 정보언어는 돈 버는 데 도움이 되는 언어입니다.

이에 반해 시의 언어는 우리에게 전혀 새로운 정보를 제공해주지 않습니다. 따라서 삶에 아무런 도움이 되지 않는 것처럼 보이지요. 하지만 시어詩語는 오히려 사물이

나 인간의 고유한 존재, 우리가 함부로 할 수 없는 신비
스러운 존재를 보게 해줍니다.

하이데거는 정보 없이 인간답게 사는 것은 가능하지
만, 시 없이 인간답게 사는 것은 불가능하다고 말합니다.
시는 잃어버린 채 정보를 수집하고 처리하면서 자신의
생존을 유지하고 자신의 힘을 강화하는 것에 몰두하는
인간은 로봇과 다를 바 없습니다.

인공지능인 알파고와 이세돌의 대결에서 알파고가 승
리하자 많은 사람이 인공지능이 인간보다 우월한 존재
라고 생각하면서 두려움을 느꼈습니다. 그러나 새삼 우
리가 인공지능에 대한 두려움을 느낄 필요는 없다고 생
각합니다. 인공지능은 어디까지나 우리가 사용하는 기
계에 불과하니까요.

기계가 많은 면에서 인간을 압도한 지는 이미 오래되
었습니다. 인간의 걸음이 아무리 빨라도 자동차의 속도
를 따라갈 수는 없고 인간의 계산 속도가 아무리 빨라도
전자계산기를 따라갈 수 없습니다.

그러나 인공지능이 기계인 한 할 수 없는 것이 있습니
다. 바로 감정이나 의욕을 갖는 것입니다. 물론 요즘에는

91

인공지능도 시나 소설을 지을 수 있다고 합니다만, 인공지능은 아무 감정 없이 그 일을 하겠지요. 인공지능이 사물과 교감하고 사물의 신비를 느끼면서 시를 쓴다면 그것은 이미 인공지능이 아닌 인간이라고 보아야 하고, 만약 그런 인공지능이 나타난다면 우리와 동일한 인간으로 대우해야 할 것입니다.

사물들을 정확하게 계산하고 일하는 로봇처럼만 사는 한 우리는 자신의 삶에 만족할 수 없습니다. 인간은 사물들의 고유한 존재를 드러내면서 그러한 존재의 충만함을 느끼는 것에 의해서만 삶에 만족할 수 있으니까요. 이런 의미에서 하이데거는 '인간은 본래 시인이며 시인으로서 지상에 거주해야 한다'고 말합니다.

시인으로 거주하지 않고 단순히 과학자나 기술자로만 존재하는 한, 인간은 부지불식간에 자신의 삶에 대한 공허감과 권태에 사로잡히게 됩니다. 그리고 이러한 감정에서 벗어나기 위해 소비와 오락 그리고 향락에 탐닉하지요. 이와 함께 소비와 오락, 향락을 위한 물자를 더 많이 확보하기 위해 자연 파괴를 일삼거나 사람 사이의 투쟁과 갈등이 일어나기도 합니다.

하이데거는 자신이 드러내고자 하는 것은 사실은 극히 '단순 소박한 것das Einfache'이라고 말합니다. 앞서 하이데거의 시에서 언급된 사물들인 숲과 개울물, 바위와 비, 들녘의 논밭과 샘물 그리고 바람은 우리가 항상 보는 단순하고 소박한 것들입니다. 하이데거가 말하고 싶어 하는 것은 우리가 이렇게 단순하고 소박한 것을 경이로운 것으로 느끼고 그것들을 존중하며 살아야 한다는 것뿐입니다.

하이데거는 자신의 사상을 우리 같은 현대인들이 쉽게 이해하지 못할 것이라고 보았습니다. 과학기술의 발달로 인해 우리가 주로 복잡하고 기교적인 것에 익숙해진데다, 또 그런 것을 높이 평가하기 때문입니다. 현대인들은 단순 소박하고 자연스러운 것의 깊이와 중요성을 보지 못한다는 것이지요.

그렇다면 왜 우리는 단순 소박한 사물들을 깊이 있게 보고 경험해야 하는 것일까요? 이는 우리의 삶이 그것들에 의존하고 있기 때문입니다. 단순 소박한 사물들을 완전히 떠난 인공세계 안에서는 인간의 삶이 제대로 이루어질 수 없습니다. 따라서 우리의 삶이 진정으로 의미 있고 충만해지려면 이러한 사물들과의 관계가 참된 것이어야 합니다. 사물들을 피상적으로밖에 경험하지 못하는 삶은 무게와 깊이를 결여한 삶이 될 뿐입니다.

하이데거는 경이와 같은 근본기분이야말로 세계와 사물의 진리가 드러나는 장場이라고 봅니다. 단순 소박한 사물들의 고유한 존재와 세계의 신비로움은 경이라는 기분 속에서 드러납니다. 이에 반해 서양의 전통철학에서는 이성을 통해 세계와 사물의 진리가 드러난다고 보았습니다. 이때 이성은 이론적으로 따지고 탐구하는 지성과 동일시되었지요. 그러나 하이데거는 세계와 사물의 진리는 이렇게 이론적으로 따지고 탐구한다고 해서 드러나는 것이 아니라고 봅니다.

근본기분을 일깨우기

하이데거가 '근본기분'을 세계와 인간의 진리가 드러나는 장이라고 말하는 것을 두고서 사람들은 종종 하이데거를 비합리주의자라고 비난하곤 했습니다. 그러나 하이데거는 이성 자체를 부정하지 않을 뿐 아니라 비합리적인 것을 찬양하지도 않습니다. 그는 전통적인 합리주의와 비합리주의 모두를 넘어서려 하고 있을 뿐입니다.

하이데거는 우리가 흔히 이성이라고 부르는 과학적이고 계산적인 이성을 넘어선 근원적인 이성, 즉 시적 이성이 존재한다고 봅니다. 그는 과학적이고 계산적인 이성이 아니라 오히려 이러한 시적인 이성을 통해서 사물들의 고유한 진리가 드러난다고 여겼습니다.

하이데거는 「예술작품의 근원Der Ursprung des Kunstwerkes」이라는 글에서 다음과 같이 말합니다.

> 우리는 묵직한 돌을 들어 올리면서 그 돌에서 어떠한 이론적인 개념으로도 파고들어갈 수 없는 독자적인 깊이와 자체−내−존립In-sich-Stehen과 자생성Eigenwü-chsigkeit을 느낄 수 있다.

그는 이러한 느낌이야말로 돌에 대한 그 어떠한 과학적인 관찰보다 돌의 사태 자체를 드러내는 것일 수 있다고 이야기합니다. 하이데거가 말하는 근원적인 이성은

95

이런 의미에서 기분 내지 감정과 결부되어 있는 이성임과 동시에 온몸으로 다른 인간들이나 사물들과 교감하는 이성입니다.

세계와 사물의 진리가 경이와 같은 근본기분에서 드러나기 때문에, 하이데거는 우리가 세계와 사물의 진리를 보려면 근본기분을 일깨워야 한다고 말합니다. '하나의 근본기분을 일깨운다'는 것은 단순히 이전에는 의식되지 않았던 것을 의식하는 것이 아니라 하나의 기분을 일깨우면서 그 기분에 사로잡히는 것을 의미합니다.

하이데거는 기분을 일깨우는 것과 그것을 단순히 의식하는 것은 근본적으로 다르다고 봅니다. 기분을 의식한다는 것은 그 기분을 우리 안에서 일어나는 심리적인 사건으로 간주하면서 그것에 의식의 시선을 던지는 것을 말합니다. 이에 반해 기분을 일깨운다는 것은 그 기분으로 하여금 우리를 사로잡게 하고 그것에서 들려오는 말에 귀를 기울임을 의미합니다.

하이데거는 경이와 같은 근본기분을 통해서 우리를 엄습해오는 인간과 세계의 진리에 귀를 기울이는 것을 '경건한 사유die Frömmigkeit des Denkens'라고 일컫습니다. 또 그는 인간과 세계 전체의 진리를 '존재의 진리'라고 부릅니다. 이러한 존재의 진리는 우리를 호기심이나 잡담에서 벗어나 침묵 속에 빠져들게 하면서 자신의 '고요한 소리Geläut der Stille'에 귀를 기울이게 합니다.

세계와 사물을 경이라는 근본기분 속에서 경험하라는 하이데거의 말은 일종의 종교적 회심을 촉구하는 것이라 할 수 있습니다. 근본기분은 인식이나 의지와 구별되는 한갓 감정이 아닙니다. 근본기분에서는 모든 사물과 세계가 새롭게 드러난다는 점에서 인식과 연관되어 있고, 근본기분을 통해 인간이 자신의 삶의 방식을 전환하게 된다는 점에서 의지와도 연관되어 있지요.

그러나 사실 근본기분에서는 의지와 인식, 감정으로 분리될 수 없는 인간의 존재 전체가 문제되고 있다고 할 수 있습니다. 이런 의미에서 인간이 경이라는 근본기분에 사로잡힌다는 것은 이를 통해 전적으로 새로운 인간으로 다시 태어나는, 다시 말해 인간의 혁명적 변화가 수행되는 사건이라고 할 수 있습니다.

5장 장미는 이유 없이 존재한다

우리는 타인과의
비교의식에서
자유롭지 못하다.
타인의 시선이 불편한
이유는 '나'라는 고유한
존재가 그들이 평가하는
대상으로 완전히
전락해버리기 때문이다.
아무런 이유 없이
호젓하게 피어 있는
장미처럼, 우리의 존재도
존재한다는 것 그 자체로
기쁨을 느끼며 살 수
있을까?

66 장미는 이유 없이 존재한다.

그것은 피기 때문에 필 뿐이다.

장미는 그 자신에도 관심이 없고

사람들이 자신을 보는지도 묻지 않는다. 99

—안겔루스 질레지우스

계산적 사유와 시적 사유

하이데거는 『근거율Der Satz vom Grund』이란 책에서 17세기 독일의 신비주의 시인 안겔루스 질레지우스Angelus Silesius 신부의 시를 인용하고 있습니다.

> 장미는 이유 없이 존재한다.
> 그것은 피기 때문에 필 뿐이다.
> 장미는 그 자신에도 관심이 없고
> 사람들이 자신을 보는지도 묻지 않는다.[14]

질레지우스와 같은 신비주의자들은 하느님이 피안彼岸에 있다고 보지 않습니다. 이들은 신이 인간을 비롯한 모든 존재자를 다 감싸 안으면서도 그것들에 깃들어 있고, 또한 신과 인간은 한 몸이기에 인간은 명상을 통해 신을 직접 체험할 수 있다고 이야기합니다. 마이스터 에크하르트Meister Eckhart 같은 중세의 신비주의자는 모기나 파리 속에도 신성이 깃들어 있다고 말하기도 했습니다.

이 시에서 질레지우스는 장미는 이유 없이, 즉 아무런 근거도 없이 핀다고 이야기합니다. 그러나 과학은 항상 사물의 근거를 따지면서 장미는 왜 피는지, 어떻게 하면 장미를 더 아름답게 만들 수 있을지를 연구합니다. 이렇게 근거를 파악함으로써 우리는 장미를 인간의 통제하에 두려고 합니다.

과학은 장미뿐 아니라 모든 사물의 근거나 조건을 밝히려고 합니다. 과학이 파헤치는 사물의 근거나 조건은 우리가 그 사물을 유리하게 이용하는 데 도움이 됩니다. 예를 들어 비가 내리는 원인이나 조건을 안다면, 그 조건을 인위적으로 조성함으로써 인간이 원하는 시기에 비를 내리게 할 수도 있겠지요.

그러나 정작 장미를 비롯한 사물들 자체는 근거를 추구한다고 해서 볼 수 있는 것들이 아닙니다. 과학에서는 사람들이 보든 말든 호젓하게 빛을 발하고 있는 장미나 사물들 자체는 우리의 시야에서 사라져버리고, 그 대신 그것들을 가능하게 하는 조건들만이 우리 시야에 들어옵니다.

사물의 조건과 근거를 따져 묻는 사유방식을 하이데거는 '계산적 사유'라고 부릅니다. 계산적 사유는 인간이 사물의 조건과 근거를 따지고 계산함으로써 그 사물을 지배하는 것을 겨냥한 표현입니다. 이러한 사유에서 사물들은 자신의 고유한 존재를 상실하고 과학적으로 드러난 계산 가능한 조건들로 해체되어버립니다.

과학기술이 제공하는 정보란 결국 이러한 조건들과 근거들에 대한 정보일 뿐입니다. 현대기술문명에서는 이렇게 근거를 따져 묻는 사유가 시적인 사유 같은 다른 종류의 사유를 몰아내고 배타적인 우위를 확보하고 있습니다.

가만히 살펴보니 냉이꽃 한 송이가 피어 있다

과학적으로 캐물을 수 있는 조건들로 인간과 사물이 구성되어 있다고 보는 사고방식은 과학과 기술뿐 아니라 현대인들의 삶 전체를 규정하고 있습니다. 이러한 사고 방식이 가장 크게 지배하는 곳은 기업이겠지요. 사원을 채용할 때 기업은 지원자를 자신들이 필요로 하는 조건들을 얼마나 갖추었는지에 따라 평가합니다. 일부 사람들은 배우자를 고를 때에도 상대방의 돈이나 경제 능력 등 외적인 조건들을 따지곤 하지요.

하지만 시는 인간과 사물을 이러한 특정 조건들로 환원시키지 않고 그 자체로 바라보려 합니다. 시는 인간과 사물이 존재하고 있다는 그 사실 자체를 이미 신비로운 것으로 봅니다. 일본의 대표적인 하이쿠俳句 시인인 마츠오 바쇼松尾芭蕉의 시를 한번 볼까요?

가만히 살펴보니
냉이꽃 한 송이가 피어 있다.
울타리 옆에!

흔히 우리는 울타리 옆에 피어 있는 냉이꽃 한 송이에 대해 아무런 관심을 가지지 않습니다. 대개 우리는 우리의 욕구 실현에 도움이 되는 것들 즉, 먹고사는 데 도움을 주거나 무료함을 달래줄 호기심거리나 잡담거리 등과 같은 것에만 관심이 있기 때문입니다.

그러니 울타리에 핀 냉이꽃은 우리의 호기심도 불러일으키지 못할 뿐 아니라 잡담의 소재도 될 수 없습니다. 그것은 실질적으로 우리에게 존재하지 않는 것이나 마찬가지입니다. 말하자면 우리에게 있어 아무런 존재의 무게도 갖지 않는 것이지요.

그러나 바쇼는 이 하찮은 냉이를 경이라는 기분 속에서 신비롭게 바라보았습니다. 단순 소박하게 존재하는 냉이를 신비 그 자체로 본 것입니다. 이 경우 우리의 관심을 끄는 것은 냉이가 갖는 특정 속성이나 조건이 아니라 갑자기 빛을 발하는 냉이의 고유한 존재 전체입니다. 바쇼의 유명한 시에는 다음과 같은 것도 있습니다.

오랜 연못에
개구리 뛰어드는 소리

105

조용한 연못에 개구리가 퐁당 소리와 함께 뛰어들면서 정적을 깹니다. 그리고 연못에는 파문이 일면서 무수한 동심원이 만들어집니다.

사실 연못에 개구리가 뛰어드는 것은 전혀 대수로운 일이 아닙니다. 정말 평범하고 진부하기 짝이 없는 일이니까요. 그러나 바쇼는 개구리가 연못에 뛰어드는 것을 경이라는 기분 속에서 신비롭게 보았습니다.

계산적 사유를 지배하는 것은 사물을 그것의 구성 조건들로 해부하는 날카로움인 반면, 시적인 사유를 지배하는 것은 사물로 하여금 자신의 고유한 존재를 드러내도록 돕는 부드러움입니다. 이러한 시어는 부드럽지만 사물의 고유한 존재를 드러내므로 과학적인 언어보다 훨씬 더 엄밀한 언어라고 하이데거는 말합니다.

비교의식이 지배하는 삶

인간이 인간답게 산다는 것은 사물이 자신의 고유한 존재를 드러내도록 돕는 것을 의미합니다. 이런 의미에서 하이데거는 인간을 '현−존재現−存在, Da-sein'라고 부릅니다. 인간은 사물들의 고유한 존재가 자신을 드러내는 장이라는 것입니다.

　앞서 본 질레지우스 시 속의 장미는 아무런 이유 없이 존재하면서도 우리의 관심을 끕니다. 여기서 장미는 어떠한 가치평가나 비교 대상이 되지 않습니다. 이 장미가 우리의 관심을 끄는 것은 꽃의 색깔이 유난히 예쁘거나 꽃봉오리가 탐스러워서가 아닙니다. 우리는 단순히 그것의 존재 자체에 마음이 끌리는 것입니다. 장미는 그것의 존재 자체로 우리의 경이를 불러일으키는 것이지요.

　질레지우스는 또한 '장미는 그 자신에도 관심이 없고 사람들이 자신을 보는지도 묻지 않는다'라고 말합니다. 하지만 장미와 달리 우리는 다른 사람들이 나를 어떻게 볼지 걱정하거나 불안해하곤 합니다.

　우리는 앞에서 우리의 일상적인 삶이 항상 타인과의 비교의식에 의해 지배되고 있다는 사실을 보았습니다. 비교의식에 사로잡혀 있을 때 우리는 타인과 비교되는 자기 자신을 강하게 의식합니다. 그러면서 항상 '나'는 이렇게 생각하고 이렇게 행위한다고 주장하며 자기를 자신의 생각과 행위의 주체로 내세우지요. 그러나 하이데거는 우리가 과연 자신의 생각과 행위의 참된 주체인지에 대해 의문을 던집니다.

우리가 타인과 자신을 비교할 때 그 척도가 되는 것은 부나 명예와 같이 사회가 우리에게 주입한 가치들입니다. 이러한 가치들은 우리 자신이 주체적으로 선택한 것이 아니라 어릴 적부터 사회를 대신하여 가정이나 학교가 우리에게 주입해온 것들입니다.

하이데거는 비교의식이 지배하는 삶에서 우리는 자기 삶의 주체로 사는 것이 아니라, 익명의 타인들에게 예속된 채 그들의 자의恣意와 변덕에 따라 휘둘리고 있다고 이야기합니다. 이때의 타인들이란 어떤 특정 인물들이 아닌 사회, 즉 익명의 '세상 사람das Man'입니다. 따라서 사람들은 자신이 하나의 독자적인 주체로서 사유하고 행동한다고 말하지만 사실은 하나의 세상 사람으로서 사유하고 행동하고 있을 뿐입니다.

하이데거는 일상적인 삶의 자아란 사실은 '세상 사람으로서의 자기das Man-selbst'라고 이야기합니다. 이 말은 세상 사람이야말로 우리 삶의 실질적인 주체라는 뜻입니다.

그렇다고 하이데거가 우리를 두고 재물에 대한 탐욕이나 본능적인 욕망에 수동적으로 놀아나는 부도덕한 사람들이라고 말하는 것은 아닙니다. 오히려 하이데거는 대부분의 사람은 그러한 본능적인 욕망이나 소유욕에서 벗어나려 하고, 사회가 제시하는 도덕적인 기준에 따라 살기 위해 노력하고 있다고 생각할 것입니다.

그런데 왜 하이데거는 우리가 '세상 사람'으로서의 삶에서 벗어나야 한다고 말하는 것일까요? 그 이유는 우리가 아무리 도덕적으로 살려고 노력해도 이러한 삶은 비교의식의 지배를 받고 있기 때문입니다. 우리는 항상 다른 사람들의 시선을 의식하고 다른 사람들로부터 도덕적인 사람이라는 칭송을 듣고 싶어 하며, 다른 사람들의 부도덕한 면을 궁금해하고 파헤치면서 그 사람들에 대한 우월감을 느끼고 싶어 합니다.

질레지우스는 "장미는 그 자신에도 관심이 없고 사람들이 자신을 보는지도 묻지 않는다"고 읊고 있습니다. 그러나 우리는 흔히 남들이 자신을 어떻게 볼까 걱정합니다. 그리고 이렇게 타인의 시선에 신경을 쓰면서 우리는 자기 자신을 강하게 의식합니다. 특히 타인의 시선을 느끼는 불편한 자리라면 우리는 자기 자신을 더욱 강하게 의식합니다. 타인의 시선이 불편한 이유는 '나'라는 존재가 그들이 평가하는 대상으로 완전히 전락해버리기 때문입니다. 우리는 남들이 '나'를 훌륭한 존재로 인정해주기를 기대하지만 '나'를 보잘것없는 인간이라고 평가하더라도 어쩔 수가 없습니다. 이런 의미에서 사르트르 Jean Paul Sartre는 타인의 시선은 '나의 지옥'이라고 말하기도 했습니다.

이에 반해 장미는 사람들의 시선에 개의치 않고 그저 호젓하게 피어 있습니다. '장미는 그 자신에게 관심이 없다'는 말은 '사람들이 자신을 보는지도 묻지 않는다'는 말과 깊은 연관이 있습니다. 장미는 자신의 고유한 존재를 발현하고 있을 뿐이며 그렇게 존재하는 것 자체만으로 평온한 기쁨 속에 있습니다.

우리는 대개 시험에 합격하거나 승진을 하는 등 특별한 이유가 있을 때 기쁨을 느낍니다. 이 경우, 그 바탕에는 비교의식과 자아의식이 작용합니다. 남들은 시험에 떨어졌지만 나는 붙었고, 남들은 승진하지 못했는데 나는 승진했다는 우월감이 깔려 있기 때문이지요.

　그렇다면 우리는 어떻게 하면 장미처럼 존재한다는
것 그 자체만으로 기쁨을 느낄 수 있을까요? 그것은 바
로 경이라는 기분 속에서 세계와 사물의 신비를 경험할
때 가능합니다. 이때 우리는 모든 비교가 만들어내는 마
음의 시끄러움에서 벗어나 고요한 평정을 되찾을 수 있
습니다. 그리고 그 속에서 우리는 세계와 사물의 진리를
비추는 거울과 같은 존재가 됩니다. 이때 비로소 우리의
존재는 아무런 이유나 근거도 없이 충만해지고 우리 삶
은 은은한 기쁨으로 차오르게 될 것입니다.

6장 인간은 왜 불안을 느끼는가

인간은 누구나 죽는다.
하지만 내가
언제 어떻게 죽을지
모른다는 사실은
'불안'이라는
기분으로 찾아와
일상적인 삶의 자명성을
파괴한다.
그제야 우리는 고독한
단독자로서의 자신과
마주한다.
죽음에 대한 불안이
없다면, 의미로 충만한
삶도 있을 수 없다.

66 지금까지 내내 나는

산을 오르고 있다고 생각했지만

사실은 산을 내려가고 있었다.

사람들의 눈에는 내가

산을 오르는 것으로 보였겠지.

그러나 내 삶은 사실은

항상 발 아래로 미끄러져 내려가고

있었을 뿐이었다. 99

—레오 톨스토이, 『이반 일리치의 죽음』 중에서

이반 일리치의 죽음

하이데거는 우리에게 단순 소박한 사물들을 경이롭게 볼 것을 요구합니다. 그러나 일상적으로 우리는 일에 쫓기며 살고 있고, 이로 인한 스트레스를 자극적인 오락과 향락을 통해 빨리 씻어버리고 싶어 합니다. 얼른 스트레스를 풀고 일에 몰두해야 이 치열한 경쟁사회에서 살아남을 수 있을 것 같기 때문입니다. 이렇게 조바심을 내면서 살다 보니 단순 소박한 사물들을 보면서 경이를 느끼라는 하이데거의 말은 지나치게 한가한 이야기로 들릴 수도 있습니다.

그렇다면 경이라는 기분은 어떻게 해야 느낄 수 있는 것일까요? 또 어떻게 하면 경이라는 기분을 어쩌다 우연히 느끼는 것이 아니라 지속적으로 느낄 수 있을까요? 하이데거는 우리가 죽는다는 사실, 더 나아가 죽음은 언제라도 항상 우리를 엄습할 수 있다는 사실이 우리가 경이라는 기분을 갖는 결정적인 계기가 될 수 있다고 말합니다.

언뜻 보기에는 죽음과 경이만큼 서로 대립되는 것도 없을 듯합니다. 죽음을 생각하면 마음이 우울해지고 어두워지지만, 경이라는 말만 들어도 우리의 마음이 밝아지고 생기를 갖게 되는 것 같으니까요. 그런데 왜 하이데거는 죽음이 경이라는 기분을 가질 수 있는 계기가 된다고 말하는 것일까요?

자신의 대표작인 『존재와 시간』에서 하이데거는 그 어떤 철학책에서도 볼 수 없을 정도로 치밀하게 죽음을 분석했습니다. 그러나 죽음에 대한 하이데거의 분석은 난해한 표현들로 점철되어 선뜻 이해하기 쉽지 않습니다. 따라서 여기서는 하나의 예를 실마리로 하여 하이데거의 죽음 분석을 가능한 한 쉽게 설명해보려고 합니다. 그 예란 톨스토이Leo Tolstoy의 『이반 일리치의 죽음Smert Ivana Ilyitsha』이란 소설입니다.

『이반 일리치의 죽음』은 한 인간이 전적으로 새로운 인간으로 탄생하는 데 있어 죽음이라는 사건이 어떻게 결정적인 계기로 작용할 수 있는지를 그린 작품입니다. 그러나 톨스토이가 그리고 있는 이반 일리치의 죽음은 사실 이반 일리치라는 한 사람이 아닌, 우리 모두의 죽음입니다. 우리는 『이반 일리치의 죽음』을 읽으면서 이 소설은 이반 일리치라는 어떤 한 사람이 아닌, 우리 자신의 삶과 죽음에 대한 이야기라고 느끼게 됩니다. 그 정도로 이 소설은 우리의 폐부를 찌르고 우리를 밑바닥에서부터 뒤흔드는 힘을 갖고 있습니다.

우선 『이반 일리치의 죽음』의 줄거리를 간략히 소개하겠습니다. 이반 일리치는 원래 유능한 판사로서 예의바르고 친절하고 명랑하여 모든 사람에게 인기가 있었습니다. 매일 매일이 순조롭게 흘러가던 어느 날 그는 양가良家 출신의 상냥하고 예쁜 여자와 결혼을 합니다.

처음에는 행복한 결혼생활이었지만 아내가 임신을 한 후부터 이반은 가정을 족쇄처럼 느끼기 시작했습니다. 아내가 이유 없이 질투를 하고 사사건건 트집을 잡았기 때문입니다. 그는 일을 핑계로 가능한 한 가정을 멀리했

117

고 가정보다는 자신의 관직을 더 사랑하게 되었습니다.

그러던 어느 날 이반은 불치의 병에 걸리고 맙니다. 자신이 죽어가고 있음을 알게 된 이반은 절망에 빠집니다. 그는 자신이 왜 죽어야 하는지, 또 죽음에는 어떠한 의미가 있는지 이해할 수 없었습니다. 물론 그는 '모든 인간은 죽는다'는 사실을 알고 있었지만 그것이 자명하고 당연한 일이라 여겼을 뿐, '인간 일반이 아닌 나 자신이 죽는다'는 사실에 대해서는 깊이 생각해본 적이 없었지요.

그러나 이제 자신이 죽는다는 사실을 절절히 실감한 그는 그것을 더 이상 자명하면서도 당연한 사실로 받아들이기가 어려워집니다. 고통이 심해지고 죽음이 가까워짐을 느끼면서 이반 일리치는 죽음에 대한 공포와 함께 즐겁게 살고 있는 사람들에게 강한 질투와 분노를 느낍니다.

죽음! 오, 죽음! 그러나 남들은 죽음에 대해 아무것도 모르고 있고 또 알려고도 하지 않는다. 그들은 결코 나를 동정하지 않는다. 그들은 여유 있게 삶을 즐기고 있을 뿐이다.

그러나 죽음을 목전에 둔 이반 일리치는 자신의 삶을 냉정히 돌아보면서 마침내 그동안의 자기 삶이 올바르지 않았다는 사실을 깨닫습니다. 자신의 공직생활, 자신의 삶 전체, 그리고 자신이 추종했던 상류층의 관습과 사고방식 모두가 잘못되었다는 사실을 자각한 것입니다. 이반 일리치는 이렇게 외칩니다.

지금까지 내내 나는 산을 오르고 있다고 생각했지만 사실은 산을 내려가고 있었다. 사람들의 눈에는 내가 산을 오르는 것으로 보였겠지. 그러나 내 삶은 사실은 항상 발 아래로 미끄러져 내려가고 있었을 뿐이었다. …… 그리고 이제 벌써…… 죽음이야!

그는 자신의 삶에 대해 참회하며 아내에게도 용서를 빕니다. 가족들이 가엾다고 느낀 그는 가족의 고통을 덜어주려고 노력합니다. 이와 함께 고통과 죽음에 대한 공포는 사라지고, 죽음 대신 광명을 발견합니다. 그는 자신의 영혼의 목소리가 '그래, 이제 죽음은 끝났다!'라고 말하는 것을 듣습니다.

이반 일리치가 죽었다는 소식을 듣자 그와 함께 근무하던 동료 판사들은 자신들의 승진과 봉급 인상 등을 계산하기에 바쁩니다. 그의 자리가 공석이 되었기 때문입니다. 이반 일리치의 후임으로는 알렉세예프가 지명되고, 알렉세예프의 자리에는 빈나코프나 슈타벨이 임명될 예정이었습니다. 사람들은 자신들이 슈타벨이나 빈나코프의 자리를 차지할 것이고 봉급도 800루블이 오르리라고 기대했지요.

그들은 죽음이 이반 일리치에게만 닥쳐온 특수한 사건이라 여기고 자기에게는 아주 먼 일인 것처럼 느낍니다. 사람들은 '죽은 사람은 이반 일리치지 내가 아니야'라고 생각하고 '그는 죽었지만 나는 이렇게 살아 있다'는 사실에 대해 안도할 뿐입니다.

실존이란 무엇인가

서산대사가 임종하실 때 남긴 시에는 다음과 같은 구절이 있습니다.

천 가지 계획과 만 가지 생각이 불타는 화로 위의 한
점 설雪이로다

우리는 살아가면서 수천 가지 계획을 세우고 수만 가
지 생각을 하지만, 그 모든 것이 불타는 화로 위에 떨어
지는 눈 한 송이에 불과합니다. 화로 위에 눈 한 송이가
떨어지면 흔적도 없이 녹아버리지요. 우리는 그런 눈 한
송이가 있었다는 사실조차 기억하지 못할 것입니다.

우리의 인생이 화로 위에 떨어지는 눈 한 송이에 지나지
않는다는 사실을 부인할 수 있을까요? 수많은 사람들이
죽었지만 그로 인한 흔적은 아무것도 없습니다. 우리에
게 남아 있는 죽은 자들에 대한 기억도 그들 자체라기보
다는 그들에 대한 희미한 상像일 뿐입니다. 이순신 장군
같은 위대한 인물들을 우리는 역사 교과서 등을 통해 기
억하려 하지만, 그분들의 삶도 화로 위에 떨어지는 눈 한
송이에 불과하다는 사실을 부인할 수는 없습니다.

이런 사실을 생각하면 누구나 살아가는 의미에 대해
묻지 않을 수 없습니다. '인간의 삶이란 불타는 화로 위
에 떨어지는 눈 한 송이 같은 것인데 왜 우리는 모든 수

121

고를 하며 살아야 하는가?' 하고 말이지요.

인간은 이렇게 죽음을 생각하면서 자신의 인생을 덧없는 것으로 느낄 수 있는 유일한 동물입니다. 물론 인간 이외의 동물들도 죽음에 대한 두려움 때문에 죽음 직전에는 죽지 않으려고 몸부림치겠지요. 하지만 그 어느 동물도 자신이 덧없는 존재라고 느끼며 살지는 않습니다.

하이데거는 이렇게 인생의 의미를 물을 수 있다는 것이야말로 인간의 가장 본질적 특성이라고 보았습니다. 그리고 '인간은 자신의 존재에 있어서 자신의 존재를 문제 삼는다'라고 말하면서 인간의 이러한 독특한 존재 성격을 '실존實存'이라고 불렀습니다.

이때 '자신의 존재에 있어서'라는 말은 인간이 인간으로 존재하는 한 인간은 자신의 존재를 문제 삼을 수밖에 없다는 숙명적인 사실을 가리킵니다. 달리 말해 우리 인간은 자신의 존재를 문제 삼도록 '내던져져 있다geworfen'는 것입니다.

'인간은 자신의 존재를 문제 삼는 존재'라는 말은 인간이 '항상 의식적으로' 자신의 존재를 문제 삼으면서 삶의 의미를 묻는다는 것을 의미하지 않습니다. 오히려 우리 대부분은 사회에서 '우리가 실현해야 할 가치'로 통용되는 것들을 자명하게 여기며 생활합니다.

이반 일리치 역시 자기가 사는 사회의 지배적인 가치관이 자명하다고 생각하면서 살았습니다. 그는 사회가 상류층을 보다 높이 대우하기 때문에 상류층에 편입되려고 애썼습니다. 그리고 명랑한 사람이 우울한 사람보다는 좋다는 사회적 가치관에 따라 명랑하고 유쾌한 사람이 되려고 했지요. 또한 사회가 결혼해서 가정을 이룰 것을 요구하기에 결혼해서 가정을 가졌고, 거만해서는 안 된다는 사회적 가치관에 따라 피고들을 대할 때도 겸손해지려고 했습니다.

이처럼 자기 자신의 고유한 삶을 살지 못하고 세상이 시키는 대로 사는 삶의 방식을 하이데거는 '비본래적uneigentlich' 실존이라고 부릅니다. 이 경우 삶의 주체는 나 자신이 아니라 사실은 익명의 '세상 사람'입니다. 이러한 삶의 방식에서는 인간을 포함한 모든 존재자를 우리가 추구하는 목적에 적합한 도구인지 아닌지로 판단합니다.

이러한 존재자들은 서로 고립되어 존재하는 것이 아니라 우리가 추구하는 목적을 중심으로 하여 밀접한 지

123

시연관을 갖습니다. 예를 들어 우리가 옷걸이를 설치하고 그것에 옷을 걸 경우, 옷걸이의 목적은 우리가 옷을 구김이 가지 않게 보관하는 것이 됩니다. 그리고 옷의 목적은 우리가 그 옷을 멋지게 입고 사람들에게 좋은 인상을 심어주는 것입니다.

이렇듯 우리가 관계하는 모든 존재자는 우리가 추구하는 궁극적인 관심을 최종 목적으로 지시하며 서로 목적과 수단이라는 지시연관을 맺습니다. 모든 도구적 존재자는 이러한 목적과 수단의 연관 전체 안에서 각자의 의미를 갖는 것이죠.

하이데거는 존재자들 간에 성립하는 목적 수단의 지시연관 전체를 '세계'라고 부릅니다. 세계는 인간이 추구하는 궁극적인 목적을 중심으로 구조화되어 있기 때문에, 각자가 궁극적으로 추구하는 것이 무엇이냐에 따라 사람들은 각각 다른 세계에 살게 됩니다.

예를 들어 이반 일리치가 추구하는 삶의 목표는 불치병에 걸리기 전까지만 해도 승진과 높은 보수였기에, 그는 자신이 만나는 사람들이나 관계하는 존재자들을 모두 그 목표의 실현을 위한 수단으로 대했습니다. 그는 이러한 세계를 자명하다고 여기며 살았지만, 하이데거가 말하는 시인의 감성을 가진 사람들의 세계는 이반 일리치가 살고 있는 세계와 전적으로 다를 것입니다.

이반 일리치처럼 '세상 사람'으로 살고 있는 우리의 일상적인 세계에는 바로 자신의 주변에 있는 꽃들을 비롯한 자연의 아름다움은 물론 진정한 인격체로서의 타인들도 존재하지 않습니다. 그러한 세계에서는 오직 나의 승진이나 즐거움에 도움 또는 해가 되는 수단적인 것들만이 존재할 뿐, 타인이나 다른 존재자들과의 깊은 이해와 교감에서 오는 기쁨이 존재하지 않습니다.

이반 일리치가 삶과 세계의 공허함을 느끼게 된 이유는 죽음이라는 극단적인 한계상황과 마주했기 때문입니다. 죽음은 이런 의미에서 일상적인 삶의 자명성을 파괴해버립니다. 그리고 그 어떤 세상의 가치로도 환원될 수 없는, 수수께끼 같은 우리의 유일무이한 존재에 직면하게 합니다.

죽음은 어느 누구도 대체할 수 없는 구체적이고 유일무이한 존재로서의 나의 죽음이고, 이 사실은 어느 누구도 나의 죽음을 대신할 수 없다는 데서 단적으로 드러납니다. 죽음이란 철저히 나만의 것이라는 사실을 통해 외부로부터 내게 부과되던 모든 낯선 규정, 즉 내가 '세상 사람'으로서 신봉했던 모든 가치는 그 의미를 상실해버립니다.

이와 함께 죽음은 우리가 이제까지 집착해왔던 모든 세간적 가치의 허망함을 드러내는 극단적인 가능성이라고 할 수 있습니다. 이반 일리치는 죽음 앞에서 자신이 그동안 집착해왔던 높은 관직과 보수가 허망한 것임을 발견합니다. 또한 자신이 따르던 상류층의 관습과 사고방식을 비롯해 자신의 삶 전체가 잘못되었다는 사실을 깨닫습니다. 생존에 있어 사소한 수단에 불과한 재산이나 명성을 궁극적인 목표로 간주하며 살았고, 오히려 진정한 목표로 삼았어야 했던 인간과 사물에 대한 사랑은 수단으로 간주해왔다는 것을 자각한 것이지요.

불안과 죽음의 관계

이반 일리치가 죽은 뒤 사람들은 '죽은 자는 그일 뿐이지 나는 아직 죽지 않았다'며 안심합니다. 이반 일리치도 한때는 죽음에 대해 그렇게 생각했지요. 하지만 죽음을 직접 대면한 후 그의 삶은 송두리째 흔들립니다. '지금까지와는 다른 참된 삶'과 '세간의 가치에 계속 집착하는 삶' 중 어느 쪽을 택해야 할지 결단을 촉구하는 사건으로 죽음을 경험하게 된 것입니다.

이반 일리치는 죽음이라는 동일한 사건을 왜 보통 사람들과 다르게 느꼈을까요? 그 이유는 죽음을 목전에 둔 이반 일리치에게 죽음이 '불안'이라는 기분을 통해 직접적으로 엄습했기 때문입니다.

불안이란 기분은 허무감 내지 무상감과 같은 느낌이라고 할 수 있습니다. 죽음을 진지하게 생각할 때 우리는 그동안 집착해온 돈, 명예, 승진 등의 모든 세간적 가치를 무의미하고 덧없는 것으로 느끼게 됩니다. 죽음에 직면한 이반 일리치는 자신이 그간 집착했던 모든 것의 허망함을 뼛속 깊이 느끼며 불안에 사로잡힌 것입니다.

127

이에 반해 다른 사람들에게 죽음은 '막연한 두려움' 속에서 멀리 떨어져 있는 것으로 나타날 뿐입니다. 물론 우리는 이반 일리치처럼 죽음을 목전에 두지 않고서도 우리가 언젠가는 죽을 존재라는 사실을 깨달으며 삶에 대한 무상감에 강하게 사로잡힐 때가 있습니다.

이 순간에는 그동안 소중하게 생각해온 모든 것이 무가치해지고, 그것들에 집착해온 삶 전체가 무의미하고 공허하게 느껴지지요. 이러한 무상감은 우리가 원한다고 해서 생기는 것이 아니라 어느 날 갑자기 우리를 찾아와 우리의 삶과 세계를 전적으로 다르게 드러내는 기분입니다. 하이데거는 이러한 기분을 불안이라고 부릅니다.

우리가 그간 안주해왔던 일상적 세계는 불안이란 기분을 통해서 그 의미를 상실합니다. 그동안 친숙했던 세계가 이렇게 의미를 잃고 무너질 때, 우리는 고독한 단독자로서의 자기 앞에 서게 됩니다. 그리고 그 어디에서도 존재의미를 구할 수 없는 나, 다시 말해 이전에 친숙했던 세계가 제시하는 삶의 의미와 방향에 더 이상 의지할 수 없는 나를 발견합니다. 우리가 그 이전에 집착했던 모든 존재자, 예를 들어 돈이나 명예 혹은 국가, 심지어 자신이 어릴 때부터 섬겨온 신조차 이제는 아무런 의미를 가질 수 없게 됩니다.

이와 함께 우리는 그동안 자명하게 생각했던 우리의 존재를 수수께끼 같은 것으로 경험하기에 이릅니다. 불안이라는 기분에 사로잡히기 전에는 자기 자신을 학생이나 회사원 등의 신분을 가진 존재로 파악하면서 그에 맞게 충실히 사는 것이 삶의 의미라고 생각했는데 말입니다.

불안이라는 기분에 사로잡히면 일상적 의미나 가치로 환원되거나 이해될 수 없는, 낯설고 불가해한 우리 자신의 존재 앞에 직면합니다. 아울러 우리 자신뿐 아니라 모든 존재자에게 씌워졌던 일상적인 의미들도 허망한 것으로 나타나기 때문에, 다른 존재자들의 존재도 불가해하고 낯설게 느껴집니다. 모든 존재자는 그것들이 '거기에 아무런 이유도 근거도 없이 존재하는 것'으로서 자신을 드러낼 뿐이지요.

불안은 말하자면 '우리 자신을 포함한 모든 존재자의 낯설고 불가해한 존재에 대한' 불안입니다. 따라서 불안

129

이라는 기분을 느낄 때 우리가 불안해하는 대상은 어떤 특정한 무엇이 아닙니다. 이런 의미에서 하이데거는 '불안'이라는 기분과 '두려움Furcht'이라는 기분을 구별하여 설명합니다.

두려움이라는 기분은 병이나 호랑이 등과 같은 특정한 대상에 대해 우리가 느끼는 두려움입니다. 이에 반해 불안이라는 기분 안에서 우리가 불안해하는 것은 특정 대상이 아니라 탄생에서 죽음에 이르는 우리의 삶 전체, 우리가 살고 있는 세계 전체입니다. 자신의 삶과 세계의 실상을 가리고 있던 그 모든 일상적인 의미가 미끄러져 사라지면서, 낯설고 황량하게 자신의 모습을 드러내고 있는 우리 자신의 존재와 세계 전체 앞에서 불안해하는 것입니다.

앞에서 이미 언급했지만 이렇게 특정 대상이 아닌 전체가 문제되는 기분을 하이데거는 '근본기분'이라고 일컫습니다. 다른 어떠한 기분들보다 불안은 우리로 하여금 삶과 세계를 포괄하는 존재 전체의 의미를 문제 삼게 합니다.

130　　이러한 불안은 궁극적으로는 '죽음에 대한' 불안입니

다. 탄생에서 죽음에 이르는 자신의 존재 전체가 갖는 수수께끼를 인간이 가장 첨예하게 의식하게 되는 때가 바로 죽음을 의식할 때입니다. 이 점에서 불안은 '죽음이 우리에게 근원적으로 자신을 고지하는 방식'이라 할 수 있습니다.

불안은 일상을 어떻게 붕괴시키는가

신체가 건강할 때에는 누구나 자신에게 죽음이 한참 후에나 올 것으로 생각합니다. 그러나 죽음의 순간은 규정되어 있지 않으며 언제든 우리를 찾아올 수 있습니다. 이런 의미에서 우리는 태어나자마자 죽음에로 던져져 있고, 죽음은 우리 자신의 삶 한가운데에 이미 침입해 있다고 할 수 있습니다.

이반 일리치가 죽었을 때 그의 직장 동료들이 '인간은 실로 언젠가는 죽지만 나는 아직 죽지 않았다'고 생각했듯이 우리는 보통 죽음으로부터 도피하려고 합니다. 하지만 이러한 도피는 결국은 불안이라는 기분이 대두되

131

지 못하게 억누르는 것이라고 할 수 있습니다.

죽음은 언제라도 닥칠 수 있는 것이기에 죽음이 자신을 고지해오는 기분인 불안은 삶의 근저에 항상 잠복해 있습니다. 그렇게 숨어 있기 때문에 시도 때도 없이 우리를 엄습해올 수 있는 것입니다. 까뮈Albert Camus가 말했던 것처럼 불안은 우리가 항상 타고 다니는 전철 속에서, 아니면 항상 반복되는 일상적인 일을 하던 중에 갑자기 우리를 사로잡을 수 있지요.

제가 불안에 처음으로 사로잡혔던 것은 고등학교 1학년 때였습니다. 학교생활도 큰 어려움 없이 잘하던 당시에 저는 갑자기 삶이 무상하다고 느꼈고 고등학교를 졸업할 때까지 이러한 무상감에서 벗어날 수 없었습니다.

죽음에 대한 불안에 엄습될 때 죽음은 우선 우리를 위협하는 낯선 힘으로 나타납니다. 그리고 우리는 자신의 존재를 죽음에 직면해 있는 섬뜩하고 낯선 것으로 경험하게 됩니다. 그런데 이는 '세상 사람'이 제시하는 세간적인 가치에 대한 집착에서 우리가 완전히 벗어나지 못했기 때문입니다.

우리가 자명한 것으로 여겨왔던 일상적인 세계가 불

안이라는 기분 안에서 붕괴되면 '세상 사람'이 제시하는 가치와 나의 존재, 그리고 이 세계가 허망하게 느껴집니다. 하지만 이 경우 우리가 경험하고 있는 것은 '나의 존재'와 '세계 자체'의 허망함이 아니라 '세상 사람으로서 살아온 내 삶'의 허망함과 '세상 사람의 가치가 지배해온 일상적 세계'의 허망함입니다.

나의 존재와 세계의 적나라한 실상은 바로 이때 드러납니다. 나의 존재는 죽음에 직면해 있는 허망한 것으로, 이 세계는 내 뜻과는 상관없이 흘러가면서 끊임없이 변하는 덧없는 세계로 드러나는 것이지요. 다시 말해 '세상 사람'으로서의 나를 완전히 탈각脫却하지 못한 상태에서는 나의 존재와 세계의 적나라한 실상이 '세상 사람으로서의 나라는 존재'를 위협하는 황량하고 섬뜩한 현실로 나타나는 것입니다.

'세상 사람으로서의 나'를 탈각하지 못했다는 것은 세간적인 가치를 척도로 하여 남들보다 우위를 차지하려는 자기중심적인 자아로부터 벗어나지 못했음을 의미합니다. 불안이라는 기분을 통해 세간적 가치들의 허망함과 그 가치들을 삶의 목표로 삼고 달려왔던 일상적 삶에

133

대해 허망함을 느낀다 해도 이것들로부터 완전히 벗어나기란 쉽지 않습니다.

저 역시 고등학생 때 일상적인 삶의 허망함을 깊이 느꼈지만 서울대에 가고 싶고 남들이 부러워하는 삶을 살고 싶다는 욕망 자체를 버릴 수는 없었습니다. 그 욕망이 헛되다는 사실을 잘 알고 있었음에도 말입니다. 이렇게 세간적 가치에 대한 집착과 자기중심적인 자아를 완전히 버리지 못한 상태에서 불안이라는 무상감에 사로잡힐 때 세계는 우리를 위협하는, 황량하고 낯선 곳으로 나타납니다.

불안이라는 연옥불을 통과해야

불안이라는 기분은 우리가 일상적 삶의 허망함을 경험하면서 그것으로부터 거리를 두고는 있지만, 아직은 자기중심적인 자아에서 완전히 벗어나지 못했기 때문에 자신이 황량하고 낯선 세계에 홀로 내던져져 있다고 느끼는 기분이라 할 수 있습니다. 이때 우리는 진정으로 충만한 삶과 세계를 열망하지만 이러한 삶과 세계가 어떤 것인지는 아직 알지 못합니다.

이반 일리치가 죽음에 대한 불안에 처음 사로잡혔을 때에도 그는 자신을 비롯한 모든 존재자를 아무런 이유나 근거 없이 세계 속에 존재하도록 처해져 있는, 황량하면서도 낯선 것으로 경험했습니다. 이렇게 느꼈던 이유는 그가 아직 '세상 사람'으로서의 삶에 대한 애착과 자기중심적인 자아에서 벗어나지 못했기 때문입니다. 따라서 그는 여전히 죽음에 대한 불안으로부터 도피하기 위해 법정에 나가서 일을 하는 등 '세상 사람'으로서의 삶에 몰두하려고 노력합니다.

그러나 죽음에 대한 불안에서 도피하지 않고 그것을 적극적으로 인수引受할 때 즉, 지금까지의 삶이 기만적이었다는 사실을 고백하고 세간적 가치들에 대한 집착과 자기중심적인 자아에서 완전히 벗어났을 때 비로소 이반 일리치는 세계를 경이로운 것으로 경험합니다. 그가 느꼈던 불안은 이제 세계와 존재자들이 충만한 의미와 빛을 발하고 있다는 사실에 대한 경이로 전환됩니다.

불안이란 기분은 우리가 그동안 안주해온 일상적인

135

삶과 세계의 허망함을 드러내기에 그 어떠한 고통보다도 더 큰 고통을 유발합니다. 그러나 이 고통을 용기 있게 받아들이면서 세간적 가치들에 대한 집착과 자기중심적인 자아를 온전히 버릴 때 우리는 새로운 인간으로 태어날 수 있습니다.

죽음에 대한 불안에 엄습되기 이전의 우리는 사람들이 숭상하는 가치들에 연연하고 그것들을 기준으로 모든 것을 평가하면서 자신의 우월성을 확보하려는 왜소한 인간에 불과합니다. 그러나 죽음에 대한 불안이라는 연옥불을 통과함으로써 우리는 모든 존재자가 드러내는 유일무이의 충만한 존재에 감응하는 열린 인간이 될 수 있습니다.

하이데거는 이러한 인간을 '현–존재'라고 표현합니다. '현–존재'로서의 인간은 모든 존재자의 고유한 존재가 드러나는 장소입니다. 그리고 이렇게 '현–존재'로 사는 삶을 하이데거는 '본래적 실존'이라고 말합니다. 이렇게 볼 때 죽음에 대한 불안 속에서 우리의 존재가 낯설고 섬뜩하게 드러난다는 것은, 우리의 존재가 높은 관직이나 봉급과 같은 일상적인 가치들로 환원할 수 없는 신비와 깊이를 지니고 있다는 사실을 의미합니다.

따라서 그러한 가치들에 대한 집착에서 완전히 벗어날 때 우리는 자신을 비롯한 모든 존재자가 충만하면서도 고귀한 존재임을 깨닫습니다. 이런 의미에서 죽음은 나의 존재와 내가 소중하게 생각하는 모든 것을 앗아가는 재앙이 아니라 오히려 우리로 하여금 우리 자신을 비롯한 모든 존재자의 고유한 존재를 환히 드러내주면서 그것들에 대한 우리의 감각을 일깨워주는 역할을 합니다.

하이데거는 죽음의 위협 앞에서 드러나는 나와 모든 존재자의 섬뜩하고 낯선 존재로부터 도피하지 않고 그것을 용기 있게 인수하는 것을 '죽음에로의 선구先驅', 즉 '죽음을 향해 자각적으로 앞서 달려감'이라고 말합니다.

불안이 우리를 본래적인 실존의 문턱으로 이끄는 기분이라면, 불안을 적극적으로 인수하며 죽음에로 선구하는 것은 '본래적인 실존에로 비약하는 것'을 의미합니다. 불안이라는 기분이 기쁨에 찬 경이라는 기분으로 전환되는 것이지요. 그리고 이러한 경이 안에서 모든 존재자의 고유한 존재가 자신을 드러내는 근원적인 세계가

137

열립니다. 이러한 세계를 하이데거는 존재의 '열린 터 Lichtung'라고 부릅니다.

이반 일리치는 자신이 그동안 집착했던 모든 세간적 가치에서 벗어나면서 '광명'을 경험합니다. 광명을 보았다는 것은 세계를 새롭게 경험하고 자신의 아내와 딸을 비롯한 모든 인간과 존재자를 새롭게 경험했다는 뜻입니다. 그는 자신의 딸과 아내에게 용서를 빕니다. 그동안 이반 일리치는 그들을 자체적인 목적을 갖는 인격으로 대하지 않았지만 이제 그것이 가능해진 것입니다.

하이데거는 죽음이라는 무無의 심연에서 도피하여 기만적이고 세간적인 가치들에서 삶의 안전을 도모하려는 경향을 '퇴락Verfall'이라고 부르며, 우리가 빠져드는 그 가치들을 '우상'이라고 말합니다. 돈이나 평판, 민족이나 조국, 특정 계급 혹은 경우에 따라서는 전통적으로 제도화된 종교가 내세우는 신 등이 우상의 예가 되겠지요.

이러한 우상에 대한 숭배, 그리고 우상이 제공하는 사이비 위로에서 벗어나려면 죽음에 대한 불안의 소용돌이에 자신을 내맡겨야 합니다. 우리는 이러한 불안의 소용돌이에 빠져듦으로써 자신과 존재자들에 대한 그 모든 기만적인 이해에서 벗어나 각각의 고유한 존재에 대해서 눈뜨게 됩니다.

죽음에 대한 불안은 우상의 허망함과 기만성을 철저히 폭로함으로써 우리 자신을 비롯한 모든 존재자를 근원적으로 경험하게 하고, 보다 풍요로운 삶의 가능성을 열어줍니다.

따라서 하이데거는 죽음에 대한 불안을 통해 우리가 존재자들의 신비스러운 충만한 존재를 경험할 것을 촉구합니다. 하이데거는 이러한 존재의 신비를 경험하는 것만이 현대의 기술문명이 초래한 위기에서 우리가 벗어날 수 있는 길이라고 봅니다.

7장 인간이란 어떤 존재인가

인간은

자신의 인생을

덧없는 것으로

느낄 수 있는

유일한 동물이다.

인간의 삶이란

고독과 허무,

무력감에서 벗어나려는

몸부림이다.

하이데거는

인생의 의미를 물을 수

있다는 점이야말로

인간의 가장 본질적인

특성이라고 말한다.

> " 개는
> 인간적인 허위를 갖지 않는
> 지적인 존재다. "
>
> —아르투어 쇼펜하우어

인간만이 삶을 짐으로 여긴다

하이데거는 우리가 죽음을 진지하게 생각하면서 세간적 가치에 대한 집착과 자기중심적인 자아를 버릴 때 자신의 삶에 만족할 수 있다고 말합니다. 이럴 때 시인으로서의 삶이라는 참된 가능성을 실현할 수 있다는 것이지요. 그런데 하이데거는 인간이란 존재를 어떻게 파악하고 있기에 인간은 시인으로 살 경우에만 자신의 삶에 만족할 수 있다고 말하는 것일까요?

하이데거는 삶을 짐으로 여길 수 있는 존재는 우리 인간뿐이라고 이야기합니다. 산다는 것을 부담스러운 짐으로 느껴보지 않은 사람은 아마 없을 것입니다. '수고하고 무거운 짐진 자들아, 다 내게로 오라. 내가 너희를 쉬게 하리라'(마태복음 11:28)는 예수의 말은 사회의 밑바닥 계층 사람들뿐 아니라 돈과 명예를 쥐고 있는 상류 계층 사람들에게도 향하고 있습니다.

그런데 혹시 인간 외에도 자신의 삶을 짐으로 여기는 동물이 있지 않을까요? 셸링Friedrich Schelling이란 철학자는 "모든 동물은 슬픈 얼굴을 하고 있다"라고 말한 바 있습니다. 모든 동물도 생존을 위해 발버둥 쳐야 하니 그 삶이 쉽지 않은 것이고 그 쉽지 않음이 슬픈 얼굴로 나타난다는 뜻입니다.

어느 정도 나이가 든 사람들의 얼굴에는 인생의 무게가 서려 있습니다. 이들의 얼굴은 대부분 굳어 있거나 어두운 편이지요. 그런데 동물과 달리 인간은 삶을 짐으로 느끼는 것을 넘어서 그 짐을 어떻게 하면 가볍게 할 수 있을지, 어떻게 하면 삶을 즐겁게 만들 수 있을지 고민합니다. 우리는 간혹 삶을 경쾌한 유희로 느끼며 웃곤 합니다. '인간만이 웃을 수 있는 존재'라는 말은 이런 의미에서 나온 것이겠지요.

최근의 심리학이나 철학에서는 진화론에 입각하여 동물과 인간이 본질적으로 다르지 않다고 주장하기도 합니다. 이러한 견해는 인간을 만물의 영장으로 보거나 하느님과 동일한 형상으로 만들어졌다는 생각, 또는 하이데거처럼 인간만이 세계와 사물에 대해서 경이를 느낄 수 있다고 보는 생각을 순진한 인간중심주의에서 비롯된 허구적인 것이라고 파악합니다.

심리학자 서은국 교수의 저서 『행복의 기원』을 보면 인간과 침팬지가 진화의 여정에서 갈라진 것은 대략 600만 년 전인데, 인간은 그중 대부분의 시간을 동물과 똑같이 살았다고 합니다. 이 600만 년이라는 시간을 1년으로 압축한다면 인간이 문명생활을 한 5천 년이라는 시간은 365일 중 고작 2시간 정도에 불과하고, 364일 22시간 동안 인간은 다른 동물들과 마찬가지로 피비린내 나는 싸움과 사냥 그리고 짝짓기에만 전념하며 살아왔다는 것입니다.

우리는 365일 중 고작 2시간에 불과한 이 모습에 너무나 익숙해져 있어서 우리가 더 이상 동물이 아니라고 생각하지만, 사실은 본질적으로 다른 동물과 다를 바 없다는 것이 그의 견해입니다. 600만 년 동안 유전자에 새겨진 생존 버릇들이 그렇게 쉽게 사라질 수는 없다는 것이

145

지요. 인간은 여전히 100퍼센트 동물이고 바로 이것이 최근 심리학계를 뒤흔드는 연구들의 공통된 입장이라고 그는 이야기합니다.

개만 닮아라, 그러면 세상이 평화로워지리라

그러나 만약 인간이 동물과 다를 바 없다면 이 세계는 얼마나 평화로울까요? 다른 동물과 달리 인간은 아무리 많은 재산을 축적하고 아무리 넓은 땅을 소유해도 만족할 줄 모릅니다. 지금 가지고 있는 것보다 더 많은 재산을 쌓고 땅을 넓히기 위해 다른 사람들의 것을 약탈하고, 때로는 그것을 넘어 수많은 사람들을 살육합니다.

진화생물학자나 진화심리학자는 이 모든 것이 자신의 생존과 종족의 번식을 목표로 한다는 점에서 인간은 다른 동물과 본질적으로 다를 바 없다고 하겠지요. 동물의 기본 욕구는 자신의 생존을 도모하려는 욕구인 식욕, 그리고 번식을 도모하려는 성욕이라고 할 수 있습니다. 인간의 경우에도 식욕과 성욕이 기본적인 욕구라는 사실에는 변함이 없습니다. 그렇기에 저는 남의 것을 약탈하고 전쟁을 일으키는 행위가 자신의 생존을 위하고 종족의 번식을 목표하는 것일 수 있다는 사실을 부인하지는 않습니다.

그러나 인간이 생존을 꾀하고 종족 번식을 도모하는 인간의 방식은 동물과 매우 다릅니다. 인간은 자신의 생존과 자신이 속하는 종족의 생존을 위한다는 명분 아래 원자탄을 만들고, 그것으로도 부족해서 수소폭탄을 만들기도 하니까요.

인간은 왜 이럴까요? 동물의 경우는 자신의 생존과 종족의 번식을 추구하는 욕망인 식욕과 성욕이 본능에 의해 조절됩니다. 그러나 인간의 경우는 본능에 의한 조절 기능이 크게 약화된 탓에 이미 배가 부른데도 먹는 것에 탐닉하면서 과식을 할 수도 있고, 발정기에만 성욕이 발동하는 보통의 동물들에 반해 끊임없이 성욕에 사로잡힐 수 있습니다.

또한 동물의 욕망은 현재에 묶여 있습니다. 동물은 어떤 욕망을 충족시키는 순간에는 그 순간에 빠져 있으며 미래를 생각하지 않습니다. 그러나 인간은 자신이 현재

147

먹는 것에 대해 불만을 품으며 미래에는 더 맛있는 음식을 먹고 싶어 하고, 또 자신이 현재 교제하는 이성에 대해 불만을 품으면서 미래에는 더 멋진 상대를 만나고 싶어 합니다. 항상 먹는 음식과 늘 만나는 이성에는 만족하지 못하는 것이지요. 니체는 이렇게 말하고 있습니다.

> [동물은] 이처럼 아침부터 저녁까지 매일매일 (중략) 순간이라는 말뚝에 짧게 묶인 채 살고 있을 뿐이다. 따라서 우울도 권태도 느끼지 않는다. 이런 걸 보면 인간은 어처구니가 없다. 왜냐하면 그는 동물들 앞에서 인간임을 자랑하면서도 동물이 지니고 있는 행복에 부러운 듯한 시선을 던지고 있기 때문이다. 사실 인간도 동물처럼 권태도 고통도 없이 살고 싶은 것이다.

동물의 세계는 본능적인 조절장치에 의해 제한되어 있는 닫힌 세계인 반면, 인간의 세계는 본능이 약화되고 이른바 '생각하는 능력'인 이성이 깨어남으로써 열린 세계가 되었습니다. 지렁이가 살고 있는 세계는 시궁창을 넘어서지 않지만, 인간은 우주의 끝은 물론 아직 오지 않은 무한한 미래와 이미 지나가버린 무한한 과거를 생각하는 것이 가능합니다.

이와 동시에 인간은 동물이라면 절대로 가질 수 없는 두려움에 사로잡힐 수 있습니다. 파스칼Blaise Pascal은 끝없이 펼쳐진 우주를 보면서 "이 무한한 우주공간의 침묵이 나를 두렵게 한다"라고 말하기도 했지요.

그러나 우리가 무한한 우주공간보다 더 두려워하는 것은 바로 우리의 미래입니다. 미래를 예측하고 그것에 대비하기 위해 애쓰면서도 우리는 미래가 우리의 예측과 항상 어긋날 수 있다는 사실을 잘 알고 있습니다. 따라서 우리는 미래, 특히 우리 후손의 미래를 위해 남의 것을 빼앗기까지 하면서 끊임없이 재산을 쌓는가 하면 자기 종족의 무궁한 번영을 위해 다른 나라의 영토를 침략하기도 합니다.

이런 의미에서 우리 인간에게 개만 닮으라고 말한 철학자들이 있습니다. 쇼펜하우어Arthur Schopenhauer가 그중 한 명이지요.

많은 사람들이 개를 모욕하는 것은 나를 놀라게 하지

149

않는다. 미안하게도 개는 자주 인간을 부끄럽게 하기 때문이다.

우리 인간은 개뿐 아니라 많은 동물에 대해서 우월감을 느낍니다. 특히 '개 같은 놈' '개 같은 ××'라는 표현에서 보듯이 개라는 단어는 인간이 다른 인간들을 폄하하는 욕으로 사용되곤 합니다. 쇼펜하우어는 우리가 개에 대해 느끼는 이러한 인간중심주의적인 우월의식을 터무니없는 것으로 여겼습니다.

쇼펜하우어는 개가 인간보다 훨씬 더 도덕적이라고 보았습니다. 개는 인간처럼 밑 빠진 독 같은 탐욕에 빠져 남의 것을 빼앗아 재산을 축적하려 하지 않습니다. 또한 개는 종교적인 광신이나 이데올로기적인 광신에 빠져 자신에 반대하는 세력을 사탄이나 반동분자 혹은 빨갱이로 몰아서 학살하지 않습니다. 또한 개는 위선을 떨지 않고 남을 속이려 하지도 않습니다. 이런 의미에서 쇼펜하우어는 이렇게 말했습니다.

개는 인간적인 허위를 갖지 않는 지적인 존재다.

그러고 보면 인간은 쇼펜하우어의 말대로 무의식 속에서 개에게 부끄러움을 느끼고 있을지도 모릅니다. 이러한 부끄러움 때문에 오히려 개를 모욕하고 하찮은 존재로 여기는 것일 수도 있고요. 흔히 자신보다 잘난 인간을 보면 질투심과 시기심에 사로잡혀 그 사람을 폄하하는 경향이 우리에게 있는 것처럼 말입니다.

물론 개에게는 도덕적 양심이 없으니 개가 인간보다 더 도덕적이라고 말하는 것에는 어폐가 있습니다. 개는 본능에 따라 행동할 뿐 도덕적 양심에 따라서 행동하지는 않기 때문에, 개가 사람을 물어도 우리는 개를 도덕적으로 심판하지도 않고 법적 책임을 묻지도 않습니다. 오히려 그 개를 기르는 주인에게 도덕적·법적 책임을 묻지요.

쇼펜하우어도 이러한 사실을 잘 알고 있었습니다. 다만 그는 개가 인간보다 더 도덕적이라고 말하면서 인간이 개에 대해 느끼는 우월감이나 인간중심주의가 얼마나 터무니없는지를 말하고 싶었을 것입니다.

151

인간과 동물의 차이

일부 진화심리학자들은 인간이 문명생활을 해온 기간은 동물처럼 살아온 기간과 비교했을 때 거의 없는 것이나 마찬가지이니 인간은 결국 100퍼센트 동물이라고 이야기합니다. 그러나 365일 중 2시간 정도밖에 해당되지 않는 이 시간이 인간과 동물 사이에 엄청난 차이를 만들었습니다.

동물의 삶은 자연이 부여한 본능에 의해 규제되지만 인간의 삶은 각 시대마다 다른 역사적 관습에 따라 규정됩니다. 조선시대 사람들의 삶은 현대인들의 삶과 너무나 달랐으니 그때의 사람들은 지금 현대인들이 사는 모습을 보면 이해하지 못할 것입니다. 양반과 상놈이 없는 것도 이상하고 남녀가 어디서든 뒤섞여 있는 것도 이상하게 보일 테지요.

물론 조선시대든 현대든 식욕이나 성욕이 인간의 기본욕구 중 하나임에는 변함이 없겠지만 그 욕구들을 충족시키는 방식은 너무나 다릅니다. 인간의 식사는 단순히 음식으로 배를 채우는 행위가 아닙니다. 인간에게는 식사예절이라는 것이 있고 이러한 식사예절은 시대마다 그리고 지역마다 달라집니다. 자신을 번식시키는 행위도 결혼이라는 사회적 관습에 따라 이루어지는데, 이러한 결혼 관습 역시 시대와 지역별로 다릅니다.

즉, 인간을 규제하는 것은 본능적인 욕구뿐 아니라 역사적으로 변화하는 사회적 관습이라는 점에서 우리는 역사적 존재라고 할 수 있습니다. 이에 반해 동물은 자연적 존재지요. 하지만 우리 삶에는 자연이 아닌 역사가 더 많은 영향을 미칩니다. 365일 중의 2시간밖에 되지 않는 기간 동안 우리 인간은 문명을 만들었고 문명을 통해서 항상 자연과 관계해왔습니다.

흔히 쥐와 인간의 유전자 중 80퍼센트는 완전히 동일하고 나머지 20퍼센트 중 19퍼센트는 서로 유사성을 가지고 있다고 합니다. 오직 1퍼센트의 유전자만이 다르다는 것이지요. 365일 동안 동물처럼 살았고 그중 2시간만 다르게 살았으니 인간은 본질적으로 동물과 동일하다는 논리는, 쥐와 인간의 유전자는 99퍼센트 비슷하기에 쥐와 인간의 삶은 본질적으로 동일하다고 말하는 것과 같습니다.

153

일부 진화심리학자들은 유전자가 거의 동일한 일란성 쌍둥이가 느끼는 행복수치는 거의 비슷하다고 말합니다. 이런 식의 논리로 보자면 같은 부모 밑에서 태어난 자식들은 다른 부모 밑에서 태어난 사람들 사이보다 훨씬 더 큰 유사성을 가져야 하겠지요.

그러나 저는 이 주장에 대해 회의적입니다. 동일한 부모 밑에서 태어나고 자라난 형제들도 성격적으로 너무나 다른 경우가 많으니까요. 심지어 어떤 자식은 성인聖人이 되는 반면 어떤 자식은 도둑이 될 수도 있는 것이 인간 삶의 현실입니다.

더욱 근본적인 문제는 인간의 욕망이 동물의 욕망처럼 간단하지 않다는 사실입니다. 인간은 식욕이나 성욕이 충족되지 않을 경우 어떻게든 그것을 채우려고 하지 그 이유로 자살을 하지는 않습니다. 오늘날 많은 사람들이 자살을 선택하는 이유는 먹을 것이 없거나 성욕을 충족시키지 못해서가 아닙니다. 사람들은 외로움을 견딜 수 없어서, 혹은 자신이 보잘것없다고 느끼거나, 사는 것이 무의미해서 자살을 택합니다. 다시 말해 고독감과 무력감 그리고 허무감에 짓눌려서 자살을 택하는 것입니다.

고독감과 무력감과 허무감을 느껴보지 않은 사람은 없을 것입니다. 돌봐줄 부모가 있고 가족과 친구와 연인이 있어도 우리는 고독감과 무력감과 허무감을 느낄 수 있습니다. 그러나 동물은 우리 인간처럼 복잡하지 않습니다. 동물은 가족이 있고 식욕을 충족시키고 발정기에 성욕을 풀면 자신의 삶에 아무런 불만도 없는 것처럼 보입니다.

인간만이 느끼는 이런 고독감과 무력감과 허무감은 어디에서 비롯되는 것일까요? 일부 진화심리학자들이 말하는 것처럼 우리가 차라리 다른 동물과 100퍼센트 동일하다면 이런 감정들을 느끼지 않을 것입니다. 인간의 삶이 가지는 비극과 영광은 인간이 동물과 100퍼센트 동일하지 않다는 데 있습니다. 오히려 인간은 동물과 100퍼센트 동일하지 않기 때문에 동물에게는 사치로밖에 보이지 않을 고독감과 무력감과 허무감을 느낍니다.

이런 감정들은 생존과 번식에 별로 도움이 되지 않습니다. 동물들은 이런 감정들 없이도 잘만 생존하고 번식하는데, 오히려 인간은 이런 감정들 때문에 자살을 합니다. 진화론에서는 이러한 감정들의 발생을 어떻게 설명

155

할지 모르겠습니다. 어쩌면 이러한 감정들 역시 우리 인간의 생존에 도움이 되니 여전히 존재하는 것이라고 볼 듯한데, 어떤 점에서 도움이 된다고 이야기할지 궁금합니다.

사실 고독감과 무력감과 허무감이 어디서 비롯되는지는 분명합니다. 앞서 말한 것처럼 인간은 생각과 행동을 제어하는 본능적인 조절장치가 동물에 비해 약화되었습니다. 대신 우리는 본능적인 조절장치가 아닌 우리의 생각을 따릅니다. 생각하는 능력을 흔히 이성이라고 부르지요. 앞서 우리는 보통 사회적 관습이나 통념에 따라 생각하고 행동한다고 말했지만, 사회적 관습이나 관례는 자연적인 본능에 의해 주어진 것이 아니라 인간의 이성에 의해 만들어진 것입니다.

그렇게 사회적 관습이나 통념에 따라 생각하고 행위하고 있음에도 우리는 많은 일을 자기 스스로 결정해야 합니다. 결국 각자의 인생은 각자가 만들어나가야 하는 것입니다. 우리는 자신의 삶을 스스로 만족할 만한 것으로 만들어갈 수도 있지만 또한 불만스러운 것으로도 만들어갈 수 있습니다. 이렇게 자신의 삶은 자신이 만들어가야 한다는 사실과 함께 우리는 '나'라는 것을 의식하게 됩니다. 이른바 자기의식이라는 것이 생기는 것이지요.

누구나 자기 자신을 가장 소중한 것으로 여깁니다. 우리에게는 뿌리 깊은 자기애가 존재합니다. 아무리 사회적으로 무시당하는 사람이라 해도 그에게는 자신이 가장 소중한 존재고, 세계가 무너져도 자신은 살아남아야 한다는 생각이 존재합니다. 이러한 사실을 단적으로 보여주는 예가 방귀 냄새일 것입니다. 사회적으로 아무리 무시당하는 사람도 자신의 방귀 냄새는 참을 만하지만 타인의 방귀 냄새는 참기 힘든 것으로 느낍니다.

우리는 이렇게 소중한 나를 세계 역시 그렇게 인정해주기를 바랍니다. 자기의식의 발생과 함께 인간은 단순히 생존하고 번식하려는 욕망을 넘어 다른 인간들을 포함한 세계로부터 소중한 존재로 인정받기를 원합니다. 또 이렇게 소중한 자신을 위해 우리는 다른 인간들과 사물들을 우리에게 유용한 것들로 만들고 싶어 하지요. 다른 사람들이 자신을 위해주기를 원하고 다른 사물을 자신이 언제든지 편리하게 사용할 수 있는 도구로 만들고 싶어 하는 것입니다.

그러나 이 세계는 우리 뜻대로 되지 않습니다. 사람들은 나보다 자신들을 더 소중히 여기고 세계 역시 내 뜻대로 운행되지 않습니다. 이에 따라 우리는 고독감과 무력감을 느끼게 되는데, 이런 느낌들은 생존과 번식에 대한 욕망이 잘 충족되어도 사라지지 않습니다. 나와 가장 가까운 아내와 자식들마저 나를 소중한 존재로 생각하지 않는 것 같고, 나는 젊고 건강하게 살고 싶은데 점점 늙어가고 병이 듭니다. 나는 나 자신을 세계의 중심으로 생각하는데 다른 사람들과 세계는 나를 전혀 자신들의 중심으로 생각하지 않는다는 데서 고독감과 무력감이 생겨나지요.

이 장을 시작할 때 인간에게 삶은 짐으로서 나타난다고 말했습니다. 인간은 자신이 만들지도 않았고 자신이 마음대로 바꿀 수 없는 세계에 내던져집니다. 자신이 마음대로 할 수 없는 이러한 세계에서 우리는 우리 자신의 삶을 형성해야 합니다. 우리는 연명하고 번식하는 것을 넘어 소중하고 고귀한 존재로 인정받고 싶어 합니다.

그러나 세상은 그리 호락호락하지 않습니다. 나는 언제 다른 인간들과 세계에 의해 별 볼 일 없는 존재로 짓눌릴지 모릅니다. 그런 일이 일어날 가능성에 대한 두려움이 우리에게는 암암리에 항상 존재하고 우리로 하여금 삶을 부담으로 느끼게 합니다.

이러한 부담은 우리가 인생의 중요한 길목에서 결국은 자기 스스로 결단해야 한다는 사실에 의해 가중됩니다. 물론 부모를 비롯한 여러 사람이 내 결단에 도움을 줄 수는 있지만 결국 그 책임은 내가 짊어져야 한다는 것, 그리고 이러한 결단은 내가 원하지 않은 결과를 초래할 수 있다는 것, 바로 이러한 사실들이 우리로 하여금 고독감과 무력감을 느끼게 만들고 삶이 우리를 짓누르는 듯한 느낌을 갖게 합니다.

우리가 느끼는 고독감과 무력감은 죽음을 생각할 때 가장 심각해집니다. 하이데거는 '죽음은 어느 누구도 대신할 수 없는 각자의 고유한 가능성'이라고 말합니다. 죽음을 제외한 거의 모든 일은 남이 대신할 수도 있습니다. 대리출석도 가능하고 대리시험도 가능하니까요. 그러나 죽음은 우리 각자의 것이기에 어느 누구도 대신해줄 수 없습니다. 그래서 우리는 죽음을 생각하면 홀로 그 길을 걸어야 하는 자신을 생각하며 고독감을 느낍니다.

159

또한 죽음은 우리가 가장 무력감을 느끼게 되는 사건입니다. 아무리 피하고 싶어도 죽음은 언제든 찾아올 수 있고 우리는 죽음 앞에 무력하게 내던져져 있으니까요. 죽음을 생각하면 더불어 허무감도 밀려옵니다. '어차피 죽으면 모든 것이 흔적도 없이 사라질 텐데 왜 이렇게 발버둥 치면서 살려고 하는가', '이 모든 몸부림이 무슨 의미가 있는가'라는 허무감에 사로잡히는 것이지요.

고독감, 무력감, 허무감을 어떻게 극복할 것인가

인간은 동물과 달리 미래를 생각할 수 있기에 탄생에서 죽음에 이르는 자신의 삶 전체에 대해 고뇌하면서 어떻게 살 것인지 고민을 합니다.

이렇게 자신의 삶 전체를 문제 삼는 인간만의 독특한 존재방식을 하이데거는 '실존'이라고 부릅니다. 삶에 대한 우리의 고뇌는 우리가 의식적으로든 무의식적으로든 느끼고 있는 고독감과 무력감 그리고 허무감을 어떻게 벗어날 수 있는가에 대한 고뇌입니다.

우리네 인생은 고독감과 무력감 그리고 허무감에서 벗어나려는 노력이라고 할 수 있습니다. 그렇기에 인간을 근본적으로 규정하는 욕망은 식욕이나 성욕보다는 고독감과 무력감 그리고 허무감에서 벗어나려는 욕망입니다. 이 욕망은 심지어 생존욕에 해당하는 식욕은 물론 번식욕에 해당하는 성욕까지도 규정합니다.

식사를 하더라도 우리는 가능하면 혼자보다는 마음에 맞는 사람들과 하고 싶어 합니다. 식사를 하면서 정을 나누고 싶어 하는 것입니다. 성행위도 마찬가지입니다. 우리는 단순히 성욕을 충족시키기 위해 혹은 자식을 낳기 위해 성행위를 하는 것을 넘어서 성관계를 통해 사랑을 함께 나누고 확인하고 싶어 합니다.

고독감과 무력감 그리고 허무감을 극복하려는 인간의 행위는 다양한 형태로 나타납니다. 그것은 악마적인 형태를 띨 수 있고 성스러운 형태를 띨 수도 있습니다. 인간은 이렇게 악마가 될 수 있는 가능성과 성자가 될 수 있는 가능성이 공존하고 있는 존재이며 이런 점에서 다른 동물과 100퍼센트 다르다고 할 수 있습니다.

인간이 악마적인 존재가 될 수 있다는 것은 특히 자신

161

의 무력감을 극복하는 것과 관련해서 자주 나타납니다. 어릴 때는 약한 애들을 괴롭히거나 때리면서, 어른이 되어서는 이른바 '갑질'을 하면서 자신의 힘을 느끼곤 합니다. 집단적인 차원으로는 다른 나라를 정복하고 그 나라의 여성들을 강간하는 방식으로 자신의 힘을 느낍니다. 칭기즈칸은 자신이 정복한 나라의 성인 남자들을 모두 살해했을 때 아녀자들이 울부짖는 소리를 들으며 쾌감을 느꼈다고 하지요. 인간이 어느 정도까지 악마가 될 수 있는지를 단적으로 보여주는 예라고 볼 수 있습니다.

그런가 하면 우리 인간은 무력한 사람들을 도와주면서 자신의 힘을 느끼곤 합니다. 이때 우리는 다른 사람과 하나가 되면서도 자신이 고양되는 느낌을 가질 수 있습니다. 또한 우리는 다른 동물이나 식물이 자라는 것을 도우면서 우리의 힘을 느끼기도 합니다. 이러한 힘은 다른 인간이나 사물을 지배하려는 힘이 아니라 그것들에 대한 존중과 사랑에 차 있는 힘입니다. 이 점에서 모든 것에 사랑을 느끼고 그것들의 성장을 도우려는 성자의 삶은 무력한 삶이 아니라 실은 가장 큰 힘으로 충만한 삶이라 할 수 있습니다.

고독감 역시 우리는 많은 경우 부정적인 방식으로 극복하려고 합니다. 광신적인 종교집단이나 정치집단에 들어가 자신들이야말로 진리를 추구하는 집단이라고 느끼는 방식으로 고독감을 지우려는 것이 그 예입니다.

광신적인 기독교도나 일부 이슬람교도, 혹은 나치나 공산주의자들은 자신들만이 진리를 대변한다고 여기고 다른 종교를 믿는 사람들이나 다른 정치집단을 악의 세력으로 간주하며 아무런 양심의 가책 없이 제거하려고 합니다. 고독감은 무력감과 마찬가지로 인간뿐 아니라 모든 생명을 존중하고 그것들에 대해 경이와 사랑을 느낄 때 진정으로 극복될 수 있습니다.

허무감을 극복하려는 방식들 중에도 부정적인 것들이 많습니다. 많은 종교와 정치적 이데올로기가 삶의 의미와 방향을 제공하려고 합니다. 그런데 이중 상당수는 인간을 성장시키기보다는 퇴보시키는 성격을 띱니다. 우리가 자신의 탐욕을 극복하고 뭇 생명을 존중하고 사랑하는 인간이 될 수 있게끔 돕기보다는 특정 도그마dogma를 무조건적으로 신봉하게 하는 데 집중하는 것이지요.

예를 들어 기독교만 해도 '예수는 인류의 죄를 사해주

163

기 위해 십자가에 못 박힌 하느님의 독생자'라는 특정 교리를 무조건적으로 믿을 것을 요구하고, 이 교리를 믿지 않는 사람들은 구원받지 못하고 지옥에 떨어질 것이라고 겁박합니다. 이 경우 하느님은 그러한 교리를 믿는 사람들만을 사랑하는 '조건적인 사랑'의 하느님이 됩니다.

그러나 기독교에는 '하느님은 무조건적인 사랑의 존재'라는 교리도 있습니다. 이러한 교리에 따르면 우리가 하느님에 가까이 가는 길은 하느님처럼 무조건적인 사랑을 하기 위해 노력하는 것이 될 것입니다.

이렇게 동일한 종교라도 그것을 어떻게 믿느냐에 따라 완전히 다른 인간이 형성될 수 있습니다. 특정 도그마를 무조건적으로 신봉하면서 다른 종교를 배타시하는 무비판적이고 편협한 인간이 될 수도 있는가 하면, 조건 없는 사랑을 실천하며 뭇 생명에 경외감을 느끼는 성숙한 인간이 될 수도 있는 것이지요.

하이데거의 사상 역시 우리를 항상 엄습하는 무력감과 고독감 그리고 허무감을 극복하려는 시도라고 볼 수 있습니다. 하이데거는 이러한 무력감과 고독감 그리고 허무감을 극복할 수 있는 잠재적인 능력이 우리 모두에게 깃들어 있다고 말합니다.

그는 그런 부정적 감정들은 시적 감성을 통해 극복될 수 있다고 봅니다. 경이라는 기분에 사로잡혀 세계를 보면 세계는 더 이상 우리를 위협하는 낯선 것으로 나타나지 않습니다. 오히려 세계의 신비를 경험하며 그 속에서 평온한 기쁨을 느끼게 되지요. 이렇게 시적 감성을 통해 세계와 하나가 될 때 우리는 고독감과 무력감을 극복할 수 있습니다. 그리고 경이라는 기분 속에서 보는 세계는 의미로 충만한 곳이기에 허무감 역시 극복할 수 있는 것이지요.

8장 언어란
   무엇인가

언어는 단순히 의사소통의
수단이 아니다. 언어의 본질은
세계와 사물의 내밀한 통일을
'불러내는' 것이다. 그런
의미에서 하이데거는 시가
바로 진정한 언어라고
말한다. 시인은 침묵 속에서
존재의 소리에 귀를
기울이고, 시어를 통해
존재의 소리를 구체화한다.
시가 존재의 소리를 구체화
하는 한, 시는 항상 자신 안에
꿰뚫을 수 없는 깊이와
신비를 간직하게 된다.

66 언어는 입의 꽃이다.

그 안에서는 대지가

하늘의 꽃을 향해서 개화한다. **99**

—프리드리히 횔덜린

하이데거의 세계이해

경이라는 기분 속에서 경험하는 세계는 어떤 모습으로 드러날까요? 하이데거는 우리는 보통 부나 명예와 같은 세간적 가치에 대한 탐욕에 사로잡혀 세계를 피상적으로 경험하고 있다고 보았습니다. 이러한 세계에서 사물이나 인간은 우리가 집착하는 세간적 가치를 실현하기 위한 수단으로 나타나기 마련이지요. 하지만 이 동일한 세계를 경이라는 기분 속에서 달리 경험할 수 있습니다.

하이데거는 경이라는 기분 속에서 세계는 '사역四域, das Geviert'으로 나타나고 사물들은 그러한 사역을 각각 독자적 방식에 따라 모으는 것으로 나타난다고 이야기합니다.

169

사역이란 '대지Erde'와 '하늘Himmel', '죽을 자들die Sterblichen'과 '신적인 자들die Göttlichen'이라는 네 가지 요소가 거울이 서로를 비추듯 조응照應하며 어울려 있는 상태를 말합니다. 사역을 의미하는 독일어 'Geviert'에서 'vier'는 숫자 4를 뜻하고 'ge'는 집합을 의미하는 접두사입니다.

하이데거는 이 사역이 우리가 경이라는 기분에서 경험하게 되는 세계의 근원적인 모습이라고 말합니다. 그렇다면 이 네 가지 요소는 각각 무엇을 뜻하는 것일까요?

먼저 '대지'는 모든 것을 떠받치고 기르고 결실을 맺게 하면서 물과 돌, 식물과 동물들을 감싸고 보호하는 곳입니다. 옛날 사람들은 이러한 대지를 어머니와 같다고 느끼며 '어머니인 대지earth mother'라고 불렀습니다.

그다음 요소인 '하늘'은 해가 돋고 지며, 달이 운행하고, 별들이 반짝이며, 한 해의 계절들과 낮의 빛과 어스름, 밤의 어둠과 밝음, 좋은 날씨와 흐린 날씨가 교차하고, 구름이 흐르고 파란 깊이를 갖는 에테르Äther가 존재하는 곳입니다.

칸트Immanuel Kant는 『실천이성비판Kritik der praktischen

Vernunft」에서 이러한 '하늘'이야말로 자신을 커다란 놀라움과 경외감으로 가득 채운다고 말했습니다.

> 내가 자주 그리고 계속해서 생각하면 생각할수록 나의 마음을 더욱 새롭고 더욱 커다란 놀라움과 경외감으로 가득 채우는 것이 두 가지가 있다. 내 머리 위의 별이 총총한 하늘과 내 마음 속의 도덕법칙이 그것이다.

칸트는 우리의 내면에 "모든 인간을 수단이 아닌 목적으로 대하라"라는 도덕법칙을 알리는 양심의 소리가 울리고 있다고 보았습니다. 별이 총총한 하늘을 보면 누구나 마음이 맑아지는 것을 느낄 수 있습니다. 이런 상태에서는 범죄 등의 삿된 생각을 할 수 없습니다. 이런 의미에서 칸트는 별이 총총한 하늘과 우리 내면에 존재하는 도덕법칙 사이에 일정한 상응관계가 있다고 느꼈을 것입니다.

사역 중에서 세 번째 요소인 '죽을 자들'이란 인간을 가리킵니다. 인간이 '죽을 자들'이라고 불리는 까닭은 모든

171

존재자 중 오직 인간만이 진정한 의미에서 죽음을 죽음으로서 경험할 수 있기 때문입니다. 죽음을 죽음으로 경험할 수 있다는 것은 인간이 자신의 죽음을 자각하면서 죽음의 빛 아래에서 '참된 자기'를 발견할 수 있다는 뜻입니다.

앞서 우리는 죽음에 직면한 이반 일리치가 죽음의 빛 아래서 자신이 그동안 추구했던 세간적인 가치들을 허망한 것으로 경험하게 되는 것을 보았습니다. 세간적 가치들에 대한 집착을 버림과 동시에 이반 일리치는 모든 존재자를 신비롭고 경이로운 존재로 느끼며 죽음에 대한 두려움을 떨쳐버립니다. 이때 그는 자신의 죽음이 어디까지나 세간적 가치들에 집착하고 자기중심적이었던 '세상 사람'으로서의 자기가 죽는 것일 뿐, 모든 존재자의 고유한 성스러운 존재를 경험하는 '참된 자기'는 죽음을 넘어서 있음을 경험합니다.

'참된 자기'는 죽음 앞에서 스러져갈 허망한 세간적 가치에 더 이상 집착하지 않기에 죽음을 두려워할 필요가 없습니다. 죽어가는 그 순간에도 그는 모든 것의 성스러운 존재를 경험하고 사랑할 뿐입니다. 오히려 그는 죽음으로 인해 자신이 그동안 헛된 삶을 살았음을 자각할 수 있었기에 죽음을 감사히 여깁니다.

사역 중 마지막 요소인 '신적인 자들'은 불사不死의 신성한 존재들을 의미합니다. 하이데거가 '신적인 자들'로 염두에 두고 있는 것이 어떤 신들인지는 분명하지 않습니다. '신적인 자들'에 대해 그는 암시적으로 서술하고 있기 때문입니다. 그러나 하이데거가 염두에 두고 있는 신이 그리스도교의 신처럼 피안에 거주하거나, 인간이 자신의 계율에 따르는지 아닌지를 감시하고 그에 따라서 축복을 주거나 단죄하는 신이 아니라는 점은 분명합니다.

간혹 기차를 타고 가면서 산골의 평화로운 마을을 볼 때, 우리는 그곳에 흡사 신이 깃들어 있는 듯한 느낌을 받곤 합니다. 이러한 신은 인간의 내적 체험의 영역에만 속하는 신 혹은 주말에 교회 안에서만 교감을 나눌 수 있는 그런 신이 아니라, 인간의 일상적 삶 한가운데에 임재臨在하면서 하늘과 대지 그리고 모든 사물에 성스러움을 부여하는 신이라 할 수 있습니다. 이러한 신의 따뜻한 보살핌이 세계에 깃들어 있다고 느낄 때 우리는 세계에

173

대해 외경심을 갖는 동시에 세계 속에서 진정한 아늑함을 경험할 수 있습니다.

앞서 말했듯 사역은 '대지'와 '하늘', '죽을 자들'과 '신적인 자들'. 이 넷이 서로 조응하면서 하나로 어울리는 근원적 세계입니다. '죽을 자들'은 사역으로 하여금 자신의 고유한 존재를 실현하도록 소중히 보살피는 방식으로 지상에 거주합니다.

이런 의미에서 하이데거는 "죽을 자들은 대지를 구원하는 식으로 지상에 거주한다"라고 말합니다. 이때의 구원이란 어떤 것을 위험에서 벗어나게 한다는 소극적인 것을 넘어서 어떤 것을 그것의 고유한 존재에로 해방시키는 것을 의미합니다.

대지를 구원하는 것과 대립되는 것은 대지를 착취하거나 혹사하는 것입니다. 현대기술사회는 대지를 광물의 저장소로 여기고 그것에서 광물을 한없이 채취하거나, 혹은 인간에게 먹을 것을 제공하는 곳으로 여겨 가능한 한 많고 질 좋은 곡물을 내놓도록 혹사합니다. 현대기술문명에서 대지는 만물이 그곳으로부터 생장하고 그곳으로 되돌아가는 일종의 어머니로서의 대지가 아니라 인간이 얼마든지 이용하고 착취할 수 있는 자원으로 간주되는 것입니다.

또한 '죽을 자들'은 하늘을 하늘로서 받아들이는 한에서 지상에 거주합니다. 다시 말해 '죽을 자들'은 높은 빌딩이나 아파트 같은 것으로 하늘을 가리지도 않고, 온갖 공해로 하늘의 대기를 오염시키지도 않습니다.

이들은 '신적인 자들'을 신적인 자들로 기리면서 지상에 거주합니다. 이들은 자신들 멋대로 우상을 만들지 않으며 우상을 신으로 숭배하지도 않습니다. 그러나 현대 기술문명에서는 특정 민족이나 계급 혹은 돈과 같은 우상을 신으로 섬기면서 진정한 신을 망각하고 있습니다. 이런 의미에서 하이데거는 현대를 두고 '과거의 신들은 떠났지만 새로운 신들은 아직 오지 않은 시대'라고 말합니다.

신에 대한 하이데거의 이해 역시 현대기술문명이 신을 이해하는 방식과 대립됩니다. 현대기술문명은 인간을 세계의 주체로 여기고, 이러한 세계를 계산이나 변환이 가능한 에너지의 연관체계라고 여깁니다. 인간은 이러한 연관체계의 작동원리를 잘 파악함으로써 모든 존

175

재자를 인간에게 유용한 것으로 만들 수 있다고 봅니다.

이러한 '세계이해'에는 신이 들어설 자리가 전혀 없습니다. 하이데거가 사역을 구성하는 네 가지 요소에 신을 포함시킨 이유는, 인간 중심적인 기술세계에서 인간이 세계를 함부로 착취하고 남용하는 것을 제어하는 의미가 있다고 볼 수 있습니다. 세계의 주인은 인간이 아니라 신성한 불사의 존재인 신이고, 그들이 이 세계를 위에서 내려다보고 있다고 생각할 때 우리는 이 세계에 대해 외경심을 품을 수 있기 때문입니다.

인간은 사역으로서의 세계 안에 거주하지만 동시에 항상 다른 사물들과 관계하면서 존재합니다. 이렇게 사물들과 관계하는 것은 사역으로서의 세계에 거주하는 것과 별개의 것이 아닙니다. 오히려 인간이 사물들과 갖는 관계 속에서 사역으로서의 세계는 구체적으로 전개됩니다.

세계와 사물 사이의 관계

모든 사물은 사역으로서의 세계를 독자적인 방식으로 자신 안에 모읍니다. 포도를 예로 들자면 포도는 대지의 자양분, 대지에서 솟아나는 물과 하늘의 태양을 자신에게 모으고, 또 포도주로 만들어져 신에게 바쳐지거나 인간이 향유하는 방식으로 신과 인간을 자신에게 모읍니다.

이 같은 내용을 하이데거는 「사물Das Ding」이라는 글에서 포도주를 담는 단지를 예로 들어 설명합니다. 이 글에서 하이데거는 "단지는 포도주를 인간에게 선사한다"라고 말하는데, 이 문장을 보고 사람들은 단지를 의인화한 시적 표현이라고 말할 것입니다. 여기서 '시적 표현'이라는 말의 의미는 객관적인 사태에 대한 표현이 아니라 주관인 느낌의 표현이라는 것이겠지요.

사람들은 보통 포도주나 물을 단순한 물질로, 그것들을 담은 단지는 인간을 위한 도구로 생각합니다. 따라서 이 문장이 객관적인 사태에 대한 표현이 되려면 하이데거가 '우리가 단지 안에 담긴 포도주를 붓는다'고 말했어야 한다고 사람들은 주장할 것입니다.

177

그러나 하이데거는 포도주를 단순한 물질이 아니라 인간에게 주어진 '선물'이라고 보기 때문에 "단지가 포도주를 선사한다"고 말하고 있습니다. 포도주를 인간에게 주는 것은 인간 자신이 아니라 포도주에 깃든 하늘과 대지와 신이기 때문이지요.

따라서 우리가 포도주를 마실 때 가져야 할 태도는 그것을 감사하는 마음으로 마시는 것입니다. 또한 이 경우 포도주는 하늘과 대지를 모은 것이기에, 포도주를 감사하는 마음으로 마신다는 것은 곧 그것에 깃든 하늘과 대지 그리고 신에 감사한다는 것을 뜻합니다.

하이데거는 이러한 감사야말로 서양의 전통철학이나 현대의 과학에 의해 망각되어버린 진정한 '사유'라고 보았습니다. 그는 사유를 의미하는 독일어 'Denken'을 감사를 의미하는 독일어 'Danken'으로부터 해석하여 설명합니다. 하이데거에게 있어 '사유하는 존재'라는 말은 '감사할 줄 아는 존재'라는 말과 의미하는 바가 같습니다.

하이데거의 이러한 사상은 아래의 글들[15]에 담겨 있는 사상과 상통한다고 할 수 있습니다.

이 음식은

온 우주와 하늘과 땅과

헤아릴 수 없을 만큼의 수많은 수고로움이

가져다준 선물이니

내가 이 음식을 먹을 자격이 있는지

생각하면서 먹게 하소서.

이 음식에 예禮를 올리고

이 음식으로 이어지는 나의 생명에

감사하면서 먹게 하소서.

(중략)

이 음식을 먹고

모든 것을 이해하고 존경하며

사랑이 충만해지도록 하소서.

— 퇴계 이황

한 방울의 물에도 천지의 은혜가 스며 있고

한 알의 곡식에도 만민의 은혜가 깃들어 있으며

만인의 노고가 담겨 있습니다.

이 은혜로운 음식을 감사히 먹고

맑고 향기로운 삶을 살겠습니다.

　―'상도선원' 공양게

생명의 원천이신 주님,

하늘과 땅을 통해 베풀어주신

귀한 음식을 감사히 먹겠습니다.

주님의 은혜에 합당한 삶을 살게 하소서.

　―'심도학사' 식사기도문

천천히 씹어서 공손히 삼켜라

봄에서 여름 지나 가을까지 그 여러 날을

비바람 땡볕으로 익어온 쌀인데

180　그렇게 허겁지겁 먹어버리면

어느 틈에 고마운 마음이 들겠느냐

(중략)

주님을 모시듯 밥을 먹어라

햇빛과 물과 바람 농부까지 그 많은 생명

신령하게 깃들어 있는 밥인데

그렇게 남기고 버려버리면

생명이신 주님을 버리는 것이니라

(중략)

—이현주, 「밥 먹는 자식에게」 중에서

이 밥이 우리에게 먹혀 생명을 살리듯

우리도 세상의 밥이 되어 세상을 살리게 하소서.

한 방울의 물에도 천지의 조화가 스며 있고

한 톨의 곡식에도 만인의 땀이 담겨 있으니

감사한 맘으로 먹게 하시고

가난한 이웃을 기억하여 식탐 말게 하소서.

천천히 꼭꼭 씹어서 공손히 삼키겠습니다.

—강원도 화천 '시골교회' 식사기도문

이러한 글들은 하이데거의 사상이 그만의 기괴한 사상이 아니라 우리의 마음이 순수해지고 맑아진다면 누구나 가질 수 있는 생각이라는 사실을 보여줍니다.

인간이 '죽을 자'로서의 사역 안에 거주한다는 것은 사물들이 자신의 고유한 존재를 실현하도록 돕는 식으로 사역이 사물들 안에 임재하게 하는 것을 의미합니다. 이렇게 사역이 사물들 안에 임재하게 하는 것은 사물을 사역의 한 기능으로 전락시키는 것이 아니라 사역을 독자적인 방식으로 모으는 사물의 고유한 존재를 존중하고 보살피는 것입니다.

'죽을 자'로서의 인간이 동식물을 돌보고 다양한 건축물을 짓는 행위의 본질은 그러한 동식물과 건축물 안에 사역이 깃들게 하는 행위입니다. 이런 의미에서 인간이 죽을 자로서 지상에 거주한다는 것은 사역을 사물들에 깃들게 하는 식으로 보존하는 것을 뜻합니다.

하이데거는 무엇보다도 예술작품에서 세계는 사역으로서 그리고 사물은 각각 독자적인 방식으로 사역을 모으는 것으로서 가장 잘 드러난다고 보고 있습니다. 그는

예술작품 중 특히 시에서 세계와 사물이 근원적으로 드

러난다고 여겼습니다. 여기서 말하는 시는 각 나라와 지방의 향토어로 쓰인 것을 가리킵니다.

사실 북극과 가까이 있는 나라에서 경험하는 하늘과 대지는 적도와 가까운 나라에서 경험하는 하늘과 대지와 다를 것이고, 시베리아에서 경험하는 하늘과 대지는 우리나라에서 경험하는 하늘과 대지와 다를 것입니다. 하이데거는 시어란 각 지역의 대지에서 자라 나온 모국어Muttersprache의 정화精華고, 각 나라와 지역의 독특한 사역은 이러한 시어를 통해 드러난다고 보았습니다.

"언어는 존재의 집이다"라는 하이데거의 말은 문학평론이나 시론詩論에서 자주 인용되곤 합니다. 이 말은 많이 인용되긴 하지만 그 의미를 설명해놓은 글들을 보면 이해하기 어려운 경우가 많습니다. 언어는 존재와 무슨 관련이 있을까요? 또 여기서 존재는 무엇을 의미할까요?

언어는 대개 사람들 사이의 의사소통을 위한 도구로 간주됩니다. 하이데거는 통상적인 우리의 언어에 이런 성격이 있다는 사실을 부정하지 않습니다. 그러나 그가 "언어는 존재의 집이다"라고 말할 때 염두에 두고 있는 '언어'는 사람들 사이의 의사소통을 위한 도구 이상의 의

183

미를 갖습니다.

현대기술문명은 '자연의 실상은 수학기호로 쓰여 있다'는 신념 위에 기초하고 있습니다. 이에 따라 현대기술문명은 정보언어를 매개로 하여 기술적으로 조직된 하나의 세계문명을 세우려 합니다. 정보언어는 수학기호로 쓰였거나 수학기호로 환원될 수 있는 언어이며, 모든 지역적 차이를 넘어서는 추상적이고 인공적인 기호입니다.

현대기술문명이 건립하려는 획일화된 세계에 반해서 하이데거는 각 지역의 대지에 뿌리박은 향토의 세계를 내세웁니다. 이러한 세계는 현대의 과학과 기술이 아닌, 각 지역의 대지에서 자라 나온 시어를 통해 드러납니다. 시어는 각 나라와 각 지역의 독특한 대지에 뿌리 내리고 있기에 시를 다른 언어로 번역하는 것은 실질적으로 불가능합니다. 동일한 나라에도 여러 방언이 있을 수 있고 각 방언으로 쓰인 시는 그 방언이 뿌리 내리고 있는 향토의 정취를 담고 있지요.

하이데거는 「언어Die Sprache」라는 글을 통해 게오르그 트라클Georg Trakl의 「어느 겨울 저녁」이라는 시를 분석합니다. 이 시에는 세계가 사역으로서 그리고 사물이 그러한 사역을 각자 독자적인 방식으로 모으는 것으로서 존재한다는 사실이 잘 나타나 있습니다.

창가에 눈이 내리고
만종이 은은히 울려 퍼지면
많은 사람들을 위해 식탁이 차려진다.
살림은 모자랄 것이 없다.

떠도는 나그네들은
어두운 좁은 길을 따라서 문으로 다가온다.
대지의 서늘한 수액樹液을 빨아들이며
은총의 나무는 찬연燦然하게 피어 있다.

길손은 말없이still 들어선다.
문턱은 이미 고뇌의 화석이 된 지 오래다.
식탁 위에는 빵과 포도주가
지순의 광명 속에서
빛을 발하고 있다.

185

이 시에서는 집 안과 집 밖이 서로 대조되고 있습니다. 집 안에는 풍족한 식탁이 마련되어 있는 반면, 집 밖에서는 나그네들이 어두운 길에서 방랑하고 있습니다. 이 시의 3연은 방랑하는 나그네가 어둡고 추운 집 밖에서 환하고 따뜻한 집 안으로 들어서는 모습을 묘사합니다.

이 집에 심어져 있는 은총의 나무를 통해서 집은 '신을 모시는 사원Gotteshaus'이 되었고 식사는 성찬聖餐이 되었습니다. 전체적으로 보면 나그네가 방랑 끝에 안옥한 집에 들어와 집 안의 사람들과 함께 감사하는 마음으로 성스러운 만찬을 하는 광경이 그려집니다.

이 시는 '창가에 눈이 내리고 만종이 은은히 울려 퍼지면'이라는 말과 함께 시작됩니다. 창가에 눈이 내리는 것은 겨울에 우리가 항상 볼 수 있는 광경이고, 만종이 울려 퍼지는 것도 서양 사람들이 늘상 경험하는 일입니다. 그런데 하이데거는 이 시가 종과 창문, 하늘에서 떨어지는 눈 그리고 종소리를 '불러내고 있다nennen'고 합니다. 이렇게 불러냄으로써 그것들을 우리 가까이에 오게 한다는 뜻입니다. 이때 하이데거가 말하려는 것은 우리는 평소 그러한 사물들을 자명하고 진부한 것으로 생각하면서 관심을 갖지 않았지만, 시인의 말에 의해 그것들의 '신비로운 존재'를 깨닫게 되고 그 아름다움에 엄습된다는 것입니다.

한편 하이데거는, 시인은 사물들을 우리 가까이로 불러내지만 그러한 사물들로부터 결코 '거리die Ferne'를 제거하지는 않는다고도 이야기합니다. 시인의 말을 통해 우리가 비로소 그 존재를 깨닫는 사물들은 그것들의 신비로운 아름다움으로 우리를 엄습하고 우리에게 말을 걸어옵니다.

그것들은 우리에게 이렇게 가까이 다가오지만 우리가 과학적으로 파헤쳐 들어가고 기술적으로 처리할 수 있는 사물로서 나타나는 것은 아닙니다. 그보다는 오히려 우리가 해명할 수 없는 자체적인 존재를 갖는 것, 다시 말해 독자적인 무게와 깊이 그리고 신비를 갖는 것으로서 우리에게 다가오지요.

이런 의미에서 하이데거는 '시인의 말은 사물들을 우리에게 가까이 불러내지만 그것들로부터 거리를 제거하지는 않는다'고 말한 것입니다. 시인은 사물들과 우리 사이에 친숙함을 조성하지만 이러한 친숙함은 사물들을

187

함부로 대하는 친숙함이 아니라 그것들의 신비를 존중하는 친숙함입니다.

하늘에서 떨어지는 눈은 인간을 어두워지는 저녁 하늘 아래로 데려오고, 만종은 '죽을 자'로서의 인간을 신 앞으로 데려옵니다. 눈과 종소리는 하늘과 대지와 죽을 자와 신을 자신에게 모읍니다. 대지의 수액을 빨아들이면서 금빛으로 피어나는 은총의 나무에도 하늘의 축복과 대지의 자양분, '신적인 자'와 '죽을 자'가 모여 있습니다. 사물은 그렇게 사역으로서의 세계를 모으는 것으로 존재하면서 자신이 머물고 있는 세계를 개현합니다.

시는 사물들을 불러냄으로써 사역으로서의 세계를 사물들에 깃들게 함과 동시에 사물들을 세계의 찬연한 빛 속에 비호합니다. 사물들은 현대기술문명이 만들어내고 있는 '몰아—세움으로서의 세계'가 아니라 사역으로서의 세계에서만 자신들의 고유한 존재를 보존하고 드러냅니다.

사역으로서의 세계와 사물은 따로 존재하는 것이 아니라 서로 관통하고 있습니다. 그렇다고 해서 세계와 사물의 이러한 내밀한 통일성Innigkeit이 서로가 하나로 용해되어 차이가 없어져버림을 의미하는 것은 아닙니다. 세계와 사물은 내밀하게 통일되어 있으면서도 서로 구별되어 있기 때문입니다.

어둡고 좁은 길에서 방랑하는 나그네들을 하이데거는 '죽음에로의 여행을 수행할 수 있는 자들'이라고 부릅니다. 하이데거는 이 나그네들이야말로 죽음을 진지하게 받아들임으로써 세간적 가치에 대한 집착을 버리고 참된 삶이 무엇인지를 깨달은 자들로 보고 있는 것입니다.

따라서 이렇게 방랑하는 자들이 아늑한 집으로 들어가 성찬을 즐기는 것은 자신이 아닌 방랑의 길을 떠나지 않고 집 안에 머물러 있던 사람들을 위한 것입니다. 왜냐하면 집 안에 머물러 있는 사람들은 이미 자신들이 참된 삶을 살고 있다고 착각하고 있기 때문입니다.

이렇게 세계와 사물의 내밀한 통일을 죽을 자로서의 인간에게 다가오도록 불러내는 것이 바로 언어의 본질입니다. 이런 의미에서 시는 진정한 언어라 할 수 있습니다. 시는 사물을 사역으로서의 세계를 모으는 것으로서 드러내지만 그렇다고 해서 사물에게서 그 고유성과 독자성을 박탈하지는 않습니다.

이에 반해 현대과학은 사물을 에너지들의 연관체계로서의 세계에 속하는 하나의 기능인자로 간주하면서 각 사물의 고유성과 독자성을 인정하지 않습니다. 즉, 그것들의 기능은 얼마든지 다른 사물도 수행할 수 있는 것으로 간주하는 것이지요.

이는 현대의 기업들이 사원들을 회사라는 전체적인 조직체가 잘 굴러가는 데 필요한 하나의 기능인자로 보는 것과 마찬가지입니다. 사원들은 자신이 맡은 기능을 제대로 잘 수행하면 존재 가치를 인정받지만 그렇지 못하면 언제든지 다른 사람들에 의해 대체될 수 있는 것으로 여겨집니다. 이에 반해 시는 오히려 사물들과 세계를 각자 독자적인 방식으로 자신 안에 깃들게 하면서 자신의 독자적인 존재를 실현하는 것으로서 드러냅니다.

세계와 사물 사이의 이러한 내밀한 관계야말로 세계와 사물 양자의 중심이라 할 수 있습니다. 하이데거가 '존재'라고 부르는 것은 궁극적으로는 바로 세계와 사물 사이의 이러한 내밀한 관계를 가리킵니다. 물론 하이데거는 존재라는 말을 경우에 따라서는 사역으로서의 세계를 가리키는 말로 사용하는가 하면 사물의 고유한 존재를 가리키는 말로도 사용합니다.

하이데거는 우리가 세계와 사물의 내밀한 관계를 경험하는 것은 세상 사람들의 잡담과 호기심에서 떠나서 침묵의 정적에 빠져들 때 가능하다고 이야기합니다. 이러한 침묵의 정적이란 단순히 말을 하지 않는 상태가 아니라, 세계와 사물을 임의로 조작하고 지배하려는 마음속의 시끄러운 계산과 호기심과 잡담에서 벗어난 상태를 말합니다. 하이데거는 바로 이러한 침묵의 정적 속에서 진정한 시가 발원한다고 이야기합니다.

언어는 존재의 집이다

우리는 앞에서 '세계와 사물 사이의 내밀한 통일성'을 하이데거가 '존재'라는 말로 부르고 있다는 것을 보았습니다. 세계와 사물 사이의 내밀한 관계로서의 존재는 우리가 세계와 사물을 지배하려는 의지에서 완전히 벗어날 때 자기를 드러냅니다. 하이데거는 존재가 이렇게 스스로를 드러내는 상태를 두고 "존재가 우리에게 말을 걸어

191

온다"라고 말합니다.

"존재가 말을 걸어온다"는 것은 달리 말하면 경이라는 기분 속에서 존재가 우리를 엄습하는 사태를 뜻합니다. 경이라는 기분 속에서 존재는 우리가 어찌할 수 없는 '근본적인 힘Grundmacht'으로 우리를 엄습하면서 세계와 사물을 그전과는 완전히 다르게 드러냅니다. 존재가 우리를 엄습하는 사건은 요란하게 일어나지 않습니다. 그것은 오히려 우리가 세계와 사물을 지배하려는 탐욕과 일상적인 잡담 그리고 호기심으로부터 벗어나 침묵의 정적 속으로 빠져들 때 일어납니다.

이때 존재 역시 '정적의 소리das Geläut der Stille'로서 우리에게 말을 겁니다. 진정한 시는 침묵의 정적에서 비롯되지만, 이러한 침묵의 정적은 존재가 말하는 정적의 소리에 호응하는 것입니다. 이 경우의 정적이란 단순히 소리나 움직임이 없는 상태가 아닙니다. 정적은 오히려 모든 운동과 정지가 근거하는 것으로, 운동보다 오히려 더 동적이며 생명으로 충만한 것입니다.

시인은 시어를 억지로 지어낼 수 없습니다. 그는 침묵 속에서 존재가 정적의 소리로서 울리는 것을 듣고, 그 존재로부터 증여되는 것을 이야기합니다. 따라서 시인의 말은 사물에 대해 시인이 주관적으로 느낀 것을 표현하는 도구가 아닙니다. 시인은 침묵 속에서 존재의 소리에 귀를 기울이고, 시어를 통해 존재의 소리를 구체화합니다. 시가 존재의 소리를 구체화하는 것인 한, 시는 항상 자신 속에 꿰뚫을 수 없는 깊이와 신비를 간직합니다.

인간은 '죽을 자'로서 존재의 소리를 들을 수 있는 한에서만 진정한 의미의 '말'을 할 수 있습니다. 이러한 말이 곧 시이며 시는 존재의 소리에 귀를 기울이며 그것을 자신 안에 보호합니다. 이런 의미에서 하이데거는 "언어는 존재의 집"이라고 말합니다. 이때의 언어는 '모든 언어'가 아니라 '존재의 소리에 귀를 기울이고 그것을 자신 안에 깃들게 하는 시어'를 가리킵니다.

사람들은 흔히 언어를 의사소통의 수단으로만 간주합니다. 물론 이러한 언어가 우리 언어의 대부분을 차지하고 있는 것은 사실입니다. 그러나 이러한 언어는 세계와 사물을 '불러낼nennen' 수 있는 능력, 다시 말해 세계와 사물을 근원적으로 현현하게 하는 '환기력Ruf'을 상실해버린 언어입니다.

193

이러한 언어는 대중교통수단처럼 아무런 부담 없이 우리 마음대로 사용할 수 있는 도구에 지나지 않습니다. 대표적인 예가 바로 정보언어입니다. 정보언어는 세계와 사물을 지배하는 지식만을 담고 있을 뿐 그것들을 불러내는 환기력을 가지고 있지는 않습니다.

하이데거가 이야기하는 시어란 특별한 언어가 아니라 인간의 본래적인 언어입니다. 인간의 언어는 원래 항상 시적인 언어이지 않으면 안 됩니다. 그러나 우리의 일상어는 대부분 사물과 세계를 불러낼 수 있는 힘을 상실해버리고 진부해진 시어입니다.

따라서 하이데거가 말하는 시에 반대되는 것은 산문이 아닙니다. 시적인 정신으로 충만한 순수한 산문은 좁은 의미의 시 못지않게 시적일 수 있으며 시만큼이나 드물기 때문입니다. 그런 의미에서 시의 반대는 사물과 세계를 불러낼 수 있는 힘을 잃어버린 일상어나 정보언어입니다.

인간의 언어가 진정한 의미의 시어가 될 때 그 안에는 정적의 소리로서의 존재의 소리가 깃들게 됩니다. 따라서 존재의 말과 인간의 말은 진정한 시어를 낳는 경이와 같은 근본기분 속에서 서로 일치하게 되지요. 경이라는 기분 속에서 우리는 존재자를 자신의 수중에 장악하기 위해 그것에 달려드는 것이 아니라, 그것이 자신의 독자적인 존재를 스스로 개시하도록 물러섭니다. 경이는 이렇게 우리를 존재자 앞에서 물러나게 하면서도 그것에 이끌리고 사로잡히게 합니다.

말하자면 경이라는 기분은 모든 존재자의 고유한 존재가 열리는 존재의 소리와 인간의 말 사이에서 일어나는 화음이라고 볼 수 있습니다. 하이데거는 근본기분을 존재의 소리가 인간에게 전해지는 통로라고 생각합니다. 이와 함께 그는 '기분'을 의미하는 독일어 'Stimmung'을 '존재의 소리'를 의미하는 독일어 'die Stimme des Seins'로부터 해석합니다.

시란 항상 어떤 근본기분에 입각해 있고 그러한 근본기분으로부터 발합니다. 따라서 시를 이해한다는 것은 단순히 그 시를 머리로 이해하는 것이 아니라 그것을 지배하는 근본기분에 사로잡히면서 그 시에서 발해지는 존재의 소리에 귀를 기울이는 것입니다.

훌륭한 시는 우리를 어떤 근본기분으로 끌어들이는 강력한 힘이 있으며, 이를 통해 독자로 하여금 세계와 사물을 그전과는 완전히 달리 보게 합니다. 하이데거가 말하는 존재의 소리에 대한 '청종聽從, Hören'은 바로 이렇듯 어떤 근본기분에 사로잡히는 것을 의미합니다.

서양의 전통철학에서는 궁극적 실재로서의 존재를 플라톤Platon이 말하는 이데아Idea처럼 인간과 분리된 실체로 간주하는 경향이 있었습니다. 그러나 하이데거는 존재를 인간에게 말을 걸어오는 정적의 소리로 봅니다. 존재는 인간에게 말을 걸어오면서 세계와 사물을 근원적으로 드러냅니다. 그리고 인간은 존재의 이러한 말에 귀를 기울이고 그것을 자신의 언어 속에 깃들게 함으로써만 참된 인간으로 존재합니다. 존재와 인간 사이의 이러한 내밀한 관계 속에서 존재는 비로소 존재로서, 그리고 인간은 비로소 참된 인간으로서 존재할 수 있습니다.

하이데거는 우리의 말소리도 단순히 의미를 전달하는 매체로만 여겨서는 안 된다고 봅니다. 모든 나라의 언어와 각 지역의 방언에는 저마다의 독특한 멜로디와 리듬이 있습니다. 하이데거가 생각하는 방언은 그 지방의 자연, 즉 대지가 말을 하고 있는 것입니다. 이런 맥락에서 그는 인간의 입은 생각을 표현하는 기관에 그치는 것이 아니라 입이 속해 있는 육체와 함께 대지에서 생장한 것이고, 따라서 대지에 속하는 토착성을 갖는다고 이야기합니다.

모든 것을 기술적인 에너지로 환원시키면서 하나의 획일화된 문명을 만들어내고 있는 기술시대에는 대지와 함께 토착적인 것이 상실되어감은 물론, 각 지역의 방언이 가진 고유성과 깊이도 무시되고 있습니다. 이와 관련하여 하이데거는 횔덜린의 시 구절을 인용하고 있습니다.

언어는 입의 꽃이다. 그 안에서는 대지가 하늘의 꽃을 향해서 개화開花한다.

어떤 나라의 언어 혹은 특정 지역의 방언은 우리가 임의로 만들어내거나 다른 언어로 얼마든지 교체할 수 있는 의사소통의 도구가 아닙니다. 언어는 그것이 뿌리를 내리고 있는 대지에서 생장한 것이기에 우리가 그 안에서 삶을 영위하는 고향과도 같습니다. 따라서 한국인이 한국말을 버리고 영어를 모국어로 사용한다는 것은 한국말이 속하는 자신의 고향을 버리는 것과 같다고 할 수

197

있을 것입니다.

근원적 세계의 파괴와 경악이라는 근본기분

기술문명이 전 세계를 휩쓸고 있는 오늘날 근원적인 세계로서의 사역은 철저하게 파괴되고 있습니다. 특히 그동안 경제개발과 민주화에만 몰두하느라 환경문제와 같은 것은 부차적인 문제로 소홀히 해온 우리나라에서는 사역의 파괴가 특히 심각합니다. 하늘은 대기오염 탓에 잔뜩 흐려 있고 밤에도 별을 보기 힘들며, 대도시에서는 아파트와 고층빌딩에 가려져 제 모습을 드러내기 어려운 것이 오늘날의 현실입니다.

대지 역시 마찬가지입니다. 하이데거가 말하는 '만물을 생육시키고 만물이 되돌아가는 대지'를 보기란 매우 어렵습니다. 도시의 대지는 아스팔트와 시멘트로 뒤덮였고 농촌의 대지 역시 온갖 화학비료의 세례를 받으면서 가능한 한 많이 그리고 빨리 곡식을 만들어내도록 혹사당하고 있습니다. 강과 산 또한 사람들이 그 아름다움을 느끼면서 교감을 나눌 수 있는 곳이 아니라 한갓 관광 자원이나 유흥을 즐길 수 있는 곳으로 전락했습니다.

하늘과 대지가 이렇게 황폐해진 현실에서 우리는 우리가 사는 곳을 신이 깃들어 있는 곳으로 느끼는 것이 불가능해졌습니다. 세상의 주인인 양 의기양양한 인간의 오만과 탐욕만이 낭자할 뿐 그 어디에서도 하늘과 대지 그리고 사물에 대한 경건한 경외는 찾아보기 힘듭니다. 이러한 곳에서는 신들도 달아나버릴 수밖에 없다는 것이 하이데거의 생각입니다. 신들은 우리의 경건한 사유와 삶 속에서야 비로소 세계에 임재할 수 있다고 보기 때문입니다.

생명시인 김지하는 이렇게 사역이 파괴된 황폐한 현실을 「빗소리」라는 시와 함께 아프게 읊었습니다.

눈 감고
빗소리 들네.

하늘에서 내려와
땅을 돌아 다시 하늘로

비 솟는 소리
듣네.

귀 열리어
삼라만상 숨 쉬는 소리 듣네.

추위를 끌고 오는
초겨울의 저 비
산성비에 시드는
먼 숲 속 나무들 한숨 소리

내 마음속 파초 위에
귀 열리어
모든 생명들
신음소리 듣네.

신음소리들 모여
하늘로 비 솟는 소리
굿 치는 소리 영산 소리 듣네.

사람아

사람아

외쳐 부르는 소리

듣네.

이 시에서 김지하는 하늘과 대지가 기술문명이 만들어낸 산성비에 의해 어떻게 황폐해졌는지, 그리고 뭇 생명이 신음소리를 내면서 얼마나 구원을 애타게 바라는지를 그리고 있습니다. 이 시를 썼을 때의 김지하가 특별히 사역에 대한 하이데거의 사상을 염두에 두지는 않았겠지요. 그러나 이 시에서는 공교롭게도 하늘과 대지, 인간이 언급되고 있고 굿 치는 소리 및 영산소리와 함께 무언가 신적인 자도 이야기되고 있습니다.

이와 함께 우리가 파괴했지만 장차 회복해야 할 사역으로서의 근원적인 세계가 어떤 것인지도 암시됩니다. '사람아 사람아 외쳐 부르는 소리 듣네'라는 말에는 사역으로서의 세계를 보호하고 사물 안에 깃들게 할 인간의 소명이 암시되어 있다고 할 수 있습니다.

하이데거식으로 말하자면 김지하의 시는 경악이라는

201

근본기분 속에서 쓰였다고 할 수 있습니다. 경악이라는 근본기분 속에서 존재자들에게서 그것들의 고유한 존재가 떠나버리고 근원적 세계 또한 사라져버렸다는 사실이 개시됩니다.

우리는 존재자들에게서 그것들의 고유한 존재가 떠나버리고 근원적인 세계가 사라져버렸다는 사실을 냉정하게 이론적으로 확인한 후 그 사실 앞에서 경악하는 것이 아닙니다. 우리가 과학기술을 통해 존재자들을 지배하려 하고 세계를 장악하려 할 때 존재자들에게서 자신들의 고유한 존재가 떠나고 근원적 세계가 사라져버린다는 사실은 경악이라는 기분 자체에서 드러납니다.

이렇게 존재자들의 고유한 존재와 근원적 세계가 빠져나간 상태에서는 자신의 무게와 깊이를 상실한 빛바랜 존재자들과 삭막한 세계만이 남게 됩니다.

존재자들의 지배자에서 존재의 파수꾼으로

경악이라는 기분은 이미 존재자들의 고유한 존재와 근원적인 세계를 예감하는 것이라고 할 수 있습니다. 과학기술적 공격을 통해 존재자들에게서 떠나버린 고유한 존재와 사라져버린 근원적인 세계는 경악이라는 기분 속에서 은닉된 형태로 자신을 고지해옵니다. 다시 말해 존재자들의 고유한 존재와 근원적 세계는 과학기술적 공격을 거부하고 그러한 공격 앞에서 자신을 은닉하는 것으로 드러나는 것입니다.

이와 함께 경악이라는 기분 속에서 우리는 존재자들과 세계를 과학기술로 지배하려는 의지로부터 이미 어느 정도 벗어나게 됩니다. 그리고 우리가 마침내 존재자들과 세계에 대한 지배 의지를 완전히 버릴 때, 존재자들에게서 빠져나갔던 고유한 존재는 다시 존재자들에게 깃들고 근원적인 세계도 다시 열리게 됩니다.

이와 함께 경악이라는 기분은 모든 존재자 각각에 다시 깃드는 신비롭고 성스러운 고유한 존재의 충일함과 근원적 세계의 아름다움에 대한 경이라는 기분으로 전

203

환됩니다. 이런 맥락에서 하이데거는 경악의 위험이 존재하는 곳에서만 경이의 축복이 존재한다고 말합니다.

하이데거는 우리에게 존재자들의 지배자가 아닌 존재의 파수꾼이 될 것을 촉구합니다. 존재의 파수꾼이 된다는 것은 존재자들의 고유한 존재와 근원적 세계에 경이를 느끼며 그것들의 수호자가 되는 것을 의미합니다. 하이데거는 우리가 존재의 파수꾼이 될 때 비로소 현대기술문명의 위기를 극복할 수 있다고 말합니다.

김지하의 「빗소리」를 읽으면서 우리는 마음이 아파오는 것을 느낍니다. 지금까지는 기술문명을 당연한 것으로 여기고 물질적 풍요를 구가하면서 살았지만 그러한 삶이 얼마나 파괴적이고 삭막한 것이었는지를 이 시를 읽으며 깨닫게 되기 때문입니다. 이러한 깨달음이 우리의 마음을 아프게 하는 것이지요.

하이데거가 말하는 경악이라는 기분은 바로 이러한 아픔의 체험입니다. 그러나 이러한 아픔과 함께 우리는 존재자들을 지배하고 소유하려는 탐욕에서 벗어나게 되고, 우리가 상실해버린 뭇 생명의 고유한 존재와 하늘과 대지 그리고 인간과 신적인 자가 서로를 비추면서 어울

204

리는 근원적인 세계를 떠올리게 됩니다. 김지하의 시는 하이데거가 경악이라고 불렀던 마음의 아픔 속으로 우리를 끌어들입니다.

9장 건축의 본질과 시적 사유

하이데거가 생각한

건축의 본질은

인간의 안전을 도모하기

위한 것도 아니며,

건물을 더 미학적으로

아름답게 만들기 위한 것도

아니다.

시골의 작고 낡은 농가라

하더라도

사역으로서의 세계가

자신을 환히

드러날 수 있는 터전을

마련해주는 것이

건축의 본질이다.

" 건축 작품은 굳건히 우뚝 서서

공중의 보이지 않는 공간을 드러내고,

밀어닥치는 바다의 파도에 맞서면서

자신의 고요와 대비되는

파도의 광란을 드러낸다. "

—마르틴 하이데거

건축의 본질이란 무엇인가

하이데거는 사물과 관계하는 우리의 모든 행위는 시적인 태도에 입각해야 한다고 봅니다. 이 점에서는 건물을 짓는 행위, 즉 건축도 예외가 될 수 없습니다. 하이데거는 건축작품이란 근원적인 세계인 사역을 드러내고 그것을 자신 안에 수호하는 역할을 해야 한다고 보았습니다.

하이데거는 1951년에 쓴 「건축함 거주함 사유함Bauen Wohnen Denken」이라는 글에서 건축 행위의 본질을 규명하고자 했습니다. 이 글에서 하이데거는 독일 하이델베르크에 있는 카를 테오도어 다리Karl Theodor Brücke라는 아름다운 다리를 예로 들면서 건축의 본질에 대한 자신의 사유를 전개합니다.

다리 밑에는 네카어Neckar 강이 흐르고 있습니다. 이 다리는 강 옆의 두 언덕을 단순히 결합하는 것이 아니라 서로 마주하게 함으로써 별개로 존재하던 두 언덕을 비로소 '강의 언덕'으로 출현하게 하고, 이를 통해 언덕 배후에 펼쳐져 있던 풍경을 강으로 이어지게 합니다. 즉, 이 다리는 강과 언덕, 주위의 풍경 모두를 이웃하게 만들어 대지를 강 주변의 풍경으로서 모읍니다.

다리는 강을 이끌어 목초지를 관통하게 하고, 강바닥에 굳건하게 서 있는 교각은 다리의 둥근 천장을 떠받쳐줍니다. 그리고 이 둥근 천장은 강물이 자신의 길을 따라 흐르게 하지요. 폭풍우로 인해 강물이 불어나면 다리는 그 강물을 교각 주변으로 급히 흐르게 하면서 하늘을 받아들입니다.

다리는 이렇게 대지와 하늘을 자신에게 모으면서 이들을 환히 드러냅니다. 대지는 모든 것이 생겨나서 되돌아가는 곳으로, 그리고 하늘은 해와 달이 운행하고 기상의 변화가 일어나는 곳으로 개시하는 것입니다.

또한 이 다리에는 성인聖人들의 조각이 세워져 있습니다. 이 조각들은 '신적인 자'들의 현존을 나타냅니다. 이런

위) 카를 테오도어 다리.
아래) 카를 테오도어 다리가 보이는 하이델베르크 시의 풍경.

의미에서 다리는 '죽을 자'들을 '신적인 자'들 앞으로 모아들인다고 할 수 있습니다. 우리는 이 다리를 통해 '신적인 자'의 임재를 경험하고, 우리 자신을 '죽을 자'로서 경험하게 되지요.

여기서의 '죽을 자'란 사역으로서의 세계와 그 세계를 독자적인 방식으로 모으는 모든 사물의 고유한 존재에 대해 경이를 느낄 수 있는 우리 인간을 의미합니다. 우리가 자신의 죽음으로부터 도피하지 않고 자신이 '죽을 자'라는 사실을 진지하게 받아들이면, 그동안 존재자들을 기술적으로 조작하고 지배하면서 자신의 생존과 안락을 꾀했던 행위가 허망한 것이었음을 자각하게 됩니다. 이와 함께 존재자들을 지배하고 조작하려는 의지로부터 벗어나면서 세계와 사물의 근원적 존재 앞에 직면하게 되지요.

우리가 이렇게 자신의 죽음을 진지하게 받아들이는 '죽을 자'로서 다리를 경험할 때, 비로소 다리는 독자적인 방식으로 '대지'와 '하늘' 그리고 '신적인 자'들과 '죽을 자'들을 자신을 향해 모으는 것으로 나타납니다. 우리는 흔히 사물의 본질을 피상적으로만 생각하여 사물에 깃든 깊이와 풍요로움을 박탈해버리지만, 진정한 의미의 다리는 결코 인간의 삶을 편리하게 하기 위한 수단에 그치지 않습니다.

다리를 비롯한 모든 사물은 이렇게 사역을 독자적인 방식으로 모읍니다. 따라서 다리가 사역을 모으는 방식은 포도가 사역을 모으는 방식과 본질적으로 다릅니다. 앞에서 본 것처럼 포도는 대지에서 솟아나는 물과 하늘의 태양을 받아들이고 신에게 포도주로서 바쳐지며 인간에게 즐거움을 주는 방식으로 사역을 모읍니다.

이에 반해 다리가 사역을 모으는 방식은 사역을 사역으로서 개시하는 것입니다. 다리가 세워짐으로써 하늘은 하늘로서, 대지는 대지로서 개시되고 인간은 자신의 소명을 향해 불리게 되며 신들이 지상에 임재하게 됩니다.

하이데거는 이렇게 사역에게 그것이 깃들 하나의 터전을 마련해주는 사물을 '장소Ort'라고 부릅니다. 고대 독일어에서 'Ort'는 '창의 끝' 즉, 창의 모든 것이 모이는 곳을 뜻합니다. '장소'는 이렇게 모든 것을 자신에게 모으지만, 모인 것을 자신 안에 가두는 것이 아니라 오히려

213

그것들을 두루 비춤으로써 비로소 모인 것들의 고유한 존재를 해방시킵니다.

이런 의미에서 장소로서의 건물은 사역으로서의 세계를 수호하는 하나의 집이라고 할 수 있습니다. 하이데거는 건축의 본질은 바로 이러한 장소로서의 건물을 건립하는 것이라고 말합니다.

건축이 사역을 보호하는 진정한 장소를 건립하는 것이 되려면 사역의 소리에 귀를 기울여야 합니다. 그것은 인간의 주관적 이해관심에 입각한 건축이어서는 안 됩니다. 건축은 대지와 하늘 그리고 신적인 자들과 죽을 자들이 서로 조응하며 어울려 있는 근원적 세계인 사역으로부터 장소들을 건립하기 위한 지침을 받아야 합니다.

하이데거는 「건축함 거주함 사유함」이라는 글을 통해, 근원적 의미의 '건축함'이란 인간이 죽을 자로서 지상에 거주하는 방식이자 사유하는 방식이라고 말합니다.

우리가 지상에 거주하려면 주택을 비롯하여 교량이나 공장 등 갖가지 건물을 지어야만 합니다. 이런 의미에서 인간이 지상에 거주한다는 것과 건물을 짓는다는 것은 불가분의 관계에 있습니다. 그런데 우리가 건물을 짓는 목적은 비바람을 막는 등 그저 우리의 안락한 삶을 확보하기 위해서만이 아닙니다. 하이데거는 인간을 단순히 안락을 추구하는 존재 이상의 것으로 봄과 동시에 건축 역시 인간에게 안락을 보장하는 수단 이상의 의미를 가진다고 봅니다.

하이데거는 건축이 인간이 지상에 거주하기 위해 필수적인 것인 한, 건축도 그것이 구현하는 거주의 방식에 의해 규정된다고 생각합니다. 인간이 단순히 자신의 안락만을 추구하면서 거주할 때는 건축도 인간에게 안락함을 보장하는 수단에 그치고 맙니다. 동물이 자신의 보금자리를 짓는 것과 본질적으로 다를 바 없는 것이지요.

이에 반해 인간이 지상에 본래적으로 거주할 경우, 건축은 그런 수단에 그치지 않고 인간이 본래적으로 지상에 거주하는 하나의 방식이 됩니다. 인간이 지상에 거주한다고 할 때의 '지상'의 사전적 의미는 '하늘 아래'지만, 하이데거가 말하는 '지상'은 우리가 본래 거주해야 할 고향으로서의 근원적인 세계를 가리킵니다.

215

그리스 신전은 그저 그렇게 서 있을 뿐이다

앞에서 우리는 사역의 소리에 귀를 기울이면서 사역을 소중히 보살피는 것, 곧 대지를 구원하고 하늘을 받아들이며 신적인 자들을 기다리고 죽음을 진지하게 받아들일 수 있는 것이 '거주함'의 진정한 본질이라는 사실을 보았습니다.

이런 의미에서 진정한 의미의 건축은 '거주함'의 본질을 실현하는 것이라고 할 수 있습니다. 이는 우리에게 진정으로 거주할 수 있는 능력이 있을 경우에만 진정한 의미의 건축도 가능함을 의미합니다.

하이데거는 건축의 본질을 가장 잘 구현한 예로 그리스 신전을 들고 있습니다.

건축, 예를 들어 그리스 신전은 아무런 대상도 모사하고 있지 않다. 그것은 갈라진 바위계곡 한가운데에 단순히 서 있을 뿐이다. 그 건축 작품은 신의 형상을 보존하면서도 그것이 자신을 은닉한 채로 주랑柱廊을 통해 성스러운 경내에로 나서게 한다.

신전의 건립과 함께 신은 그 신전 안에 임재한다. 신이 이렇게 임재하게 되는 것과 함께 그 구역은 성스러운 구역으로서 나타난다. 신전과 그것의 구역은 그것 밖의 무한한 세계로 이어지면서 사라지는 것이 아니다. 신전작품은 처음으로 자신의 둘레에 인간들이 사는 삶의 모든 길과 관계를 결합하고 모은다.

이러한 삶의 길과 관계 가운데서 탄생과 죽음, 재난과 축복, 승리와 치욕, 존속과 쇠망이 비로소 숙명적이며 인간적인 모습과 진로를 얻게 된다. 이 열려진 관계들이 지배하는 영역이 바로 역사적 민족이 거주하는 세계다. 오직 이 영역으로부터만 또한 이 영역 가운데서만 이 민족은 비로소 자신을 발견하고 자신의 사명을 완성할 수 있다.

그곳에 그렇게 선 채 이 건축 작품은 바위 위에 머물러 있다. 이렇게 머무르면서 신전은 바위로부터 완강하면서도 무목적적인 지탱이라는 어두움을 끌어내온다. 그곳에 서서 이 건축 작품은 휘몰아치는 폭풍을 견뎌내며 폭풍의 위력을 드러내 보인다. 신전의 대리석에서 발하는 광채와 빛남은 비록 태양의 은총에 의한 것이

217

지만 그것은 대낮의 빛과 하늘의 광활함 그리고 밤의 어두움을 비로소 나타나게 한다.

건축 작품은 굳건히 우뚝 서서 공중의 보이지 않는 공간을 드러내고, 밀어닥치는 바다의 파도에 맞서면서 자신의 고요와 대비되는 파도의 광란을 드러낸다. 초목, 독수리와 황소, 뱀과 귀뚜라미가 비로소 선명한 모습을 내보이며 자신들의 본질을 드러낸다. 이러한 현출Herauskommen과 열려옴Aufgehen을 그리스인들은 일찍이 피지스Physis라고 불렀다.

동시에 피지스는 인간이 거주하는 대지를 밝혀준다. 여기서의 대지는 어떤 퇴적된 질료덩어리나 지구라는 천문학적인 천체와는 거리가 멀다. 대지란 현출하는 모든 것을 그 자체로서 되감싸는 것이다. 자신을 열면서 현출해오는 것들을 '감싸는 것'으로서 대지는 임재한다.

이 글은 하이데거가 1935년에 쓴 「예술작품의 근원Der Ursprung des Kunstwerkes」의 일부입니다. 그리스 신전은 대지와 하늘을 드러내고 죽을 자로서의 인간이 거주하는 세계를 개시합니다. 또한 신전에 세워진 신상神像은 신을 개시하면서 신전에 임재하게 합니다.

아울러 신전이 건립됨으로써 신전이 세워진 자리는 신성한 자리가 되고, 인간이 거주하는 삶의 세계는 이 자리를 중심으로 조직됩니다. 신이 임재하는 자리를 중심으로 유기적인 삶의 공간이 형성되는 것입니다.

신전 아래의 세계를 내려다보는 신상을 보며 인간은 자신이 거주하는 세계에 항상 신의 손길이 와 닿는다고 느낍니다. 더불어 자신이 소중하게 여겨야 할 것이 무엇인지를 알게 됩니다. 신전에서 방사되는 성스러운 빛을 통해 우리가 거주하는 세계가 환히 열리면서 인간은 자신이 무엇을 위해 살 것인지를 깨닫게 되는 것입니다. 이렇게 신전이라는 건축 작품은 이미 존재하는 어떤 세계를 반영하거나 모사하는 것이 아니라 인간이 거주해야 할 근원적인 세계를 개시합니다.

또한 그리스 신전은 신과 인간이 거주할 세계 외에 돌과 바위 등 모든 사물의 진리와 대지를 드러나게 합니다. 그리스 신전은 돌로 만들어져 있지만 돌을 신전 속으로 흡수해버리지 않고 그것 자체로서 빛을 발하게 합니다.

219

이와 반대로 돌도끼 같은 도구에서 돌은 그것이 도끼로서의 기능에 얼마나 적합하냐는 관점에서만 고려될 뿐 그 자체로서 드러나지 않습니다. 이 경우 돌이 도끼로서 기능을 잘하면 잘할수록 우리는 돌 자체에는 관심이 없고 도끼질하는 데만 열중하게 됩니다. 돌은 돌 자체로서 드러나기보다는 도끼의 기능 속으로 완전히 해소되고 맙니다.

반면 돌이나 금속으로 만들어진 예술작품에서는 돌이나 금속이 더욱 더 자신의 빛을 발하고, 음악에서는 소리가 자신의 음향을 찬연하게 드러냅니다. 음악에서의 소리는 일상적 잡담에서의 소리처럼 말의 의미 속으로 사라져버리는 것이 아닙니다. 일상적 잡담에서의 소리는 의미를 전달하기 위한 수단일 뿐입니다.

신전을 이루는 돌뿐 아니라 신전을 떠받치는 바위는 신전 속에 흡수되어버리는 것이 아니라 오히려 돌과 바위로서 자신의 고유한 존재를 드러냅니다. 이러한 돌과 바위는 그것들이 신전을 떠받치는 것이 되기 전에는 우리의 관심을 끌지 못하는 그저 그런 자연 사물에 지나지 않았지요.

신전은 바위 위에 서 있는 채로 대지에 의존하면서, 동시에 대지를 대지로서 환히 드러냅니다. 이때 대지는 신전을 통해 드러나지만 자신을 자체 내에 머물면서 '자신을 닫아버리는 것das sich Verschließende'으로 드러냅니다.

대지는 우리가 아무리 파고 들어가도 파헤칠 수 없는 어둠을 지니고 있습니다. 우리가 아무리 돌을 부수어도 돌은 침묵 속에서 자신을 은폐하고 있습니다. 인간이 계산할 수 있는 원자 같은 것으로 대지를 환원하는 것은 대지를 드러내는 것이 아니라 본래의 대지를 파괴하는 것입니다. 하이데거는 「예술작품의 근원」에서 다음과 같이 말합니다.

신전은 그렇게 도시의 중앙에 서서 모든 것에 방향과 의미를 부여하면서도 주위의 산하와 존재자들 그리고 자신이 뿌리내리고 있는 대지를 압도하지 않고 오히려 그것들을 그 자체로서 빛을 발하게 한다.
신전이 세워짐으로써 주위의 존재자들은 빛을 잃는 것이 아니라 오히려 경이로운 것으로서 자신들을 드러내며 대지 역시 모든 것을 떠받치고 모든 것을 감싸

221

안는 것으로서 자신을 드러내는 것이다. 신전이 세워지는 것과 함께 산은 산으로서, 강은 강으로서, 그리고 도마뱀은 도마뱀으로서 자신의 존재를 빛을 발하면서 드러내게 된다.

그리스인에게 건축은 근대에서처럼 인간이 낯선 존재자 전체 안에서 자신의 안전을 도모하기 위한 건물을 만드는 것이 아니라 오히려 세계와 대지 그리고 신을 비롯한 존재자 전체가 자신의 고유한 본질을 발현하게 하는 작품을 건립하는 것이었다. 그리스인의 건물에서는 세계와 대지 그리고 모든 존재자의 진리, 다시 말해 그것들 모두를 포괄하는 존재의 진리가 생기生起하는 것이다.

이 글에서 하이데거는 비록 사역이라는 표현을 쓰지는 않았지만, 여기서도 그리스의 신전을 하늘과 대지 그리고 인간과 신을 모으는 장소로 보고 있습니다. 신전은 대낮의 태양과 하늘의 광활함 그리고 밤의 어두움을 비로소 드러냅니다. 신전은 그렇게 우뚝 서 있으면서 공중의 보이지 않는 공간을 드러내고, 주위의 산천초목과 독수리와 황소, 뱀과 귀뚜라미를 그 자체로서 드러냅니다.

시적 사유가 진정한 건축을 가능케 한다

하이데거는 이와 같이 건축 작품이 모아들이는 사역의 소리에 귀를 기울이는 것이야말로 진정한 의미의 사유라고 말합니다. 이러한 사유는 객관적인 사유를 지향하는 과학적 사유와는 전적으로 다른 것입니다. 과학적 사유는 '죽을 자'로서 지상에 거주하는 인간의 사유가 아니라, 냉정한 눈길로 세계와 사물을 고찰하는 주체로서의 인간의 사유입니다. 이러한 사유는 눈앞에 있는 모든 것을 자신이 파악해야 할 대상으로 여기고 이리저리 관찰하려고만 하지요.

이에 반해 사역의 소리에 귀를 기울이는 사유는 사역으로서의 세계에 감사하는 사유이며 사물들의 신비로움 앞에서 경탄하는 사유입니다. 이러한 사유에게 세계와 사물은 우리가 파악해야 할 대상으로 눈앞에 존재하는 것이 아니라 자신의 고유한 존재를 우리에게 스스로 드

223

러내며 다가오는 것으로서 존재합니다.

하이데거는 '거주함'과 건축의 진정한 의미에 대해 200년 전에 지어진 슈바르츠발트의 어느 농가를 예로 들어 이야기합니다.

여기서는 대지와 하늘, 신적인 자들과 죽을 자들을 통일적으로 사물들 안에 진입시키는 견실한 능력에 의해 그 집이 지어졌다. 농가는 바람을 막는 산기슭에 남향으로 세워졌다. 그리고 그 가까이에는 풀밭과 샘물이 있다. 폭이 넓은 판자 지붕은 적당한 경사로 눈의 하중을 견뎌내고, 아래로 상당히 깊숙이까지 내려와 있어서 긴 겨울밤의 폭풍으로부터 방 안을 보호해주었다. 가족이 공동으로 사용하는 식탁 뒤에는 십자가나 성모상을 모시는 성소가 있었고, 출산과—슈바르츠발트에서는 자르그[관棺]라 불리는—임종을 위한 지성소至聖所가 있었다. 한 지붕 아래에 각 연령층마다 시간을 통과할 때 그들이 걸어야 하는 행보의 형태가 제시되었다.

하이데거가 말하고자 하는 것은 우리가 기술문명을 버리고 슈바르츠발트의 농가 같은 소박한 집을 지어야 한다는 것이 아닙니다. 그는 이러한 농가에 깃들어 있는 '거주함'과 건축의 정신을 회복해야 한다고 주장할 뿐입니다.

하이데거는 건물을 미학적으로 보다 더 아름답게 만드는 것이 건축의 본질이라고 보지 않습니다. 오히려 슈바르츠발트의 농가처럼 지극히 소박한 건물이라도 사역으로서의 세계가 자신을 환히 드러날 수 있는 터전을 마련해주는 것이 건축의 본질이라고 보았습니다. 하이데거는 우리가 이러한 건축 정신에 의해 건립된 건물을 보면서 그동안 상실했던 세계와의 합일을 되찾을 수 있다고 말합니다.

건축의 본질이 우리가 살고 있는 근원적인 세계인 사역을 드러내는 것이라면, 건축은 사역의 소리에 귀를 기울이는 시적인 사유에 근거하고 있다고 볼 수 있습니다. 하이데거는 건축 행위뿐 아니라 인간의 모든 행위는 시적인 사유에 근거할 때만 진정한 것이 될 수 있다고 본 것입니다.

10장 자연은 위대한 사원이다

세계에 대한 과학적 파악과
기술적인 지배를 통해
행복을 실현하려 할 때
우리는 오히려 불안과
초조를 느낀다.
이러한 느낌에서 벗어나기
위해 끊임없이 물질적인
대용재를 생산하는
악순환에 빠지는 것이다.
하이데거는 우리가 소박한
자연의 소리를 들을 수 있는
능력을 회복할 때 우리 삶이
진정으로 충만해질 수
있다고 이야기한다.

" 이 호수들은 너무 순수하기 때문에

그 가치를 측정할 수 없다.

이들에겐 더러운 것이라고는 전혀 없다.

이 호수들은 우리의 인생보다

얼마나 더 아름다우며

우리의 인격보다 얼마나 더 투명한가! "

—헨리 데이빗 소로, 『월든』 중에서

단순 소박한 자연에서의 삶

하이데거는 34세 때 독일 남부의 거대한 숲 슈바르츠발트에 있는 토트나우 산의 1,150m 지점에 산장을 만들었습니다. 전기도 수도도 들어오지 않는 곳이었지만 이 산장에서는 하늘 그리고 숲과 계절의 변화를 만끽할 수 있었습니다.

하이데거는 산의 진중한 모습과 거대한 바위를 바라보기 좋아했고 봄이면 꽃이 만발하는 목장의 아름다움에 취했습니다. 달 밝은 가을밤에는 멧돼지들이 술렁이는 소리에 귀를 기울였고 겨울이면 산과 들이 눈에 파묻히는 것을 보았습니다.

또한 하이데거는 이곳 농부들과 함께하는 것을 좋아

했습니다. 그는 저녁식사 후에 농부들과 담소를 나누면서 오늘에야 벌목이 다 끝났다는 이야기, 어젯밤에 담비가 닭장에 침입했다는 이야기, 누구네 암소가 새끼를 곧 낳을 것이라는 이야기, 날씨가 곧 바뀔 것이라는 이야기 등을 들었습니다.

하이데거는 자신의 철학적 작업이 농부들의 일에 상응한다고 느꼈습니다. 하이데거는 농부들이 자신이 뿌리 내리고 있는 대지에 대한 순박하면서도 확고한 신뢰 속에서 사물들을 온몸으로 접하며 그것들과 교감하고, 또 그것들로 하여금 자신의 고유한 존재를 발현하게 한다고 여겼습니다.

하이데거는 사물들의 본질은 단순히 우리가 사물을 눈앞에 놓고 분석함으로써가 아니라 사물을 손과 발로 경험함으로써 드러난다고 보았습니다. 그는 어떤 의미에서는 농부와 수공업자들이야말로 온몸으로 사물들의 본질을 경험하는 사람들이라고 생각했습니다. 하이데거가 일생에 걸쳐 농부와 수공업자의 삶을 근원적인 삶으로 찬양했던 것도 바로 이 때문입니다.

230 　농부와 수공업자가 자신들의 손으로 직접 사물들과

접촉하는 반면 현대기술문명의 노동자들은 기계를 매개로 하여 사물들과 접촉하기 때문에 그것들을 직접 경험할 수 없습니다. 현대인들은 사물들과의 직접적인 접촉을 상실함과 동시에, 노동의 과정보다는 결과를 중요하게 여기고 그 결과물로 우리가 확보할 수 있는 안락과 향락에만 관심을 갖게 됩니다.

하이데거는 베를린 대학으로부터 두 번에 걸쳐서 교수로 초빙招聘을 받았지만 거부합니다. 화려한 도시보다는 단순 소박한 자연을 택한 것입니다. 하이데거는 대부분의 연구와 저술을 토트나우 산의 산장에서 행했고 자신의 사유가 산장과 그곳을 둘러싸고 있는 자연의 풍광그리고 농부들의 세계에 뿌리를 내리고 있다고 생각했습니다.

나의 작업 전체는 이러한 산과 농부들의 세계에 의해 지탱되고 인도된다. 가끔 저 위에서의 작업은 여기 아래에서의 회의나 강연을 위한 여행, 토론, 교육활동을 통해 오랫동안 중단된다. 그러나 내가 다시 위로 올라와 오두막집에 들어서는 순간부터 이전에 내가 사로

231

잡혔던 물음들의 세계 전체가 내가 그것을 떠났던 그
대로 나에게 몰려온다. 나는 사유의 고유한 운동 속으
로 내던져지며 그것의 은닉된 법칙을 전혀 제어할 수
없어진다.[16)

깊은 겨울 밤 사나운 눈보라가 오두막 주위에 휘몰아
치고 모든 것을 뒤덮을 때야말로 철학을 할 시간이다.[17)

하이데거는 사람들이 소유와 향락에 대한 욕망 때문
에 소박한 자연의 소리를 들을 수 있는 능력을 상실한 데
서 현대문명의 불행이 비롯되었다고 생각했습니다. 현
대인들에게 있어 단순 소박한 자연은 따분하고 단조로
운 것으로 보일 뿐입니다.

현대인들은 안전한 생존과 안락과 향락을 위해 지구
를 기술적으로 조직된 하나의 질서 속으로 편입시키는
데 몰두합니다. 현대인들에게는 기계 돌아가는 소리가
모든 문제를 해결해줄 신의 소리로 들립니다.

하이데거는 단순 소박한 것이야말로 인간이 소중히
여겨야 할 진정한 보배라는 사실을 아는 사람들의 수가

갈수록 줄어들 것이라고 이야기했습니다. 그러나 이 소수의 인간들이야말로 인간의 진정한 삶을 가능하게 하는 힘을 후대에 전할 자들입니다.

헨리 데이빗 소로와 하이데거[18]

미국에서 기술문명이 갈수록 득세하던 시대인 19세기에 하이데거처럼 자연 속에 오두막집을 짓고 소박한 자연의 소리에 귀를 기울이면서 그것을 자신의 철학에 깃들게 하려고 했던 사상가가 바로 헨리 데이빗 소로Henry David Thoreau입니다.

소로는 하버드 대학을 졸업한 후 가업인 연필 제조업, 교사, 측량 업무 등에 종사했습니다. 소로는 메사추세츠 주 콩코드의 교외에 있는 월든 호수에 오두막집을 짓고 2년 2개월에 걸쳐 혼자 살았습니다. 호수를 둘러싼 숲속에서의 생활과 자신의 생각을 기록한 책 『월든Walden』은 1854년에 출간되어 많은 시인과 작가들에게 큰 영향을 끼쳤습니다. 인두세 납부 거부로 투옥된 적이 있었던 소

233

로는 노예해방운동에 헌신한 인물이기도 합니다.

소로는 19세기에 살았던 인물이고 하이데거는 20세기에 살았기 때문에 하이데거가 소로에 대해 알 법도 하지만, 그가 『월든』을 읽었다는 기록은 없습니다. 아마도 하이데거는 소로의 책을 읽지 않았던 것 같습니다.

그럼에도 소로와 하이데거의 사상은 매우 유사하며 이들이 전하려는 메시지 역시 거의 동일합니다. 소로를 통해서 우리는 하이데거가 말하려 하는 것을 보다 생생하게 경험할 수 있습니다. 이는 하이데거가 자연 속에서 철학을 한 것에 그친 반면에 소로는 직접 농사를 지으며 흙과 콩 그리고 옥수수를 온몸으로 경험하려고 했기 때문이 아닌가 합니다. 소로에게 농사는 단순한 생계 수단이기보다는 사물들을 온몸으로 직접 경험하기 위한 길이었습니다.

미국의 환경사학자인 도널드 워스터Donald Worster는 소로라는 인물을 이렇게 묘사합니다.

19세기 콩코드에는 별난 사람들이 많았다. 그러나 눈 쌓인 언덕 비탈에서 여우를 쫓으며 뛸 듯이 좋아하고 거친 숨을 내쉬며 돌아다니는 사람은 오직 한 명뿐이었다. 그 사람은 소나무 꼭대기에 걸터앉아 바람결에 따라 몸을 흔들거나 넙죽 엎드려 송장개구리와 마음을 통하려고 노력하기도 했다.

무뚝뚝하고 점잖은 척하는 신사들은, 밭을 갈며 땀 흘리고 있는 콩코드의 농민들 사이에서 바지를 들고 개울을 걸어 다니는 이 사람을 어이없이 바라보았다. 또한 그는 마을 사람들이 자고 있는 달밤에 알몸으로 아사벳 강에서 수영하거나 코난텀 절벽을 가로지르고, 풀숲 속의 귀뚜라미 울음소리에 마음이 홀려 멍하니 있기도 했다.

소로는 리비도적 자유라는 점에서 분명히 월트 휘트먼과는 다르나 본능의 해방, 대지에 대한 감각적 애착 더구나 뉴잉글랜드의 전형적인 고상함을 하찮게 여기는 행동 등은 어른이 되어도 변하지 않았다. '내 육체는 대단히 감각적이다'라고 소로는 자랑스럽게 말했다. '이곳저곳을 걸어 다니면서 접촉한 것 모두가 전지에 연결된 전선을 만진 것처럼 짜릿짜릿하게 느껴진다.' 그는 매일 이곳저곳 쏘다니면서 과학적 사실 이상

235

의 것을 찾고 있었다.[19]

소로는 자신이 발 딛고 있는 대지에 영혼이 있다고 여겼으며, 이 대지가 인간을 비롯한 모든 생명체의 생명이 솟아나는 근원이라고 생각했습니다.

자연은 인류의 어머니다. 땅속에 웅크리고 있던 얼음이 빠져 나오는 것, 이것은 바로 봄이 왔음을 말해준다. 이것이 있은 다음에야 꽃 피는 푸른 봄이 뒤따르게 된다. 마치 신화가 있은 다음에야 순수한 시가 뒤따르듯이, 겨울의 노기怒気와 소화불량을 씻어내는 데 이보다 더 나은 것이 있을 성 싶지 않다.

이것은 대지가 아직도 기저귀를 차고 있으며 갓난아기의 손가락을 사방에 뻗치고 있다는 생각을 나로 하여금 갖게 한다. 민둥민둥한 이마에서 신선한 고수머리가 자라나는 모습과도 같다고 할까. 거기에 무기물적인 요소는 전혀 없다. 이 잎사귀 같은 더미들은 용광로의 쇠찌꺼기처럼 둑 위에 놓여서는 자연이 대지의 내부에서 한창 불을 때고 있음을 알려주고 있다.

지구는 지질학자나 고고학자가 연구하는 책장처럼 층층이 쌓여 있는 단순한 죽은 역사의 조각이 아니다. 그것은 살아 있는 시이며 꽃과 열매에 앞서 피어나는 나무의 잎 같은 것이다. 지구는 화석의 대지가 아니고 살아 있는 대지다. 지구 내부의 위대한 생명에 비하면 모든 동식물의 생명은 단지 기생적일 뿐이다.[20]

또한 소로는 자연을 살아 있는 거대한 생명으로 보았을 뿐 아니라 자연 속의 모든 것이 하나의 유기체처럼 서로 결합되어 있다고 생각했습니다.

조용히 비가 내리는 가운데 이런 생각에 잠겨 있는 동안 나는 갑자기 대자연 속에, 후드득후드득 떨어지는 빗속에, 또 내 집 주위의 모든 소리와 모든 경치 속에 너무나도 감미롭고 자애로운 우정이 존재하고 있음을 느꼈다. 그것은 나를 지탱해주는 공기 그 자체처럼 무한하고도 설명할 수 없는 우호의 감정이었다.

이웃에 사람이 있음으로써 얻을 수 있다고 생각되던 모든 이점이 대단치 않은 것임을 느꼈고 그 후로는 그

237

런 것을 생각해본 일이 없다. 솔잎 하나하나가 친화감으로 부풀어 올라 나를 친구처럼 대해주었다.

나는 사람들이 흔히 황량하고 쓸쓸하다고 하는 장소에서도 나와 친근한 어떤 것이 존재함을 분명히 느꼈다. 나는 나에게 혈연적으로 가장 가깝거나 가장 인간적인 것이 반드시 어떤 인간이거나 어떤 마을 사람이지는 않다는 것을, 그리고 이제부터는 어떤 장소도 나에게는 낯선 곳이 되지 않으리라는 것을 분명히 느꼈다.

소로가 자연에 대해 가졌던 합일의 감정은 보통 사람들이 자연의 아름다움에 대해서 느끼는 감동의 차원을 훨씬 넘어서는 심원한 것이었습니다. 소로는 자신이 마치 한 줌의 흙을 먹을 수 있을 것 같다고 쓰기도 했습니다.

그런데 이 경우 소로가 경험한 자연은 낭만적으로 이상화되고 미화된 자연이 아니라 있는 그대로의 거칠고 투박한 자연이며, 경우에 따라서 문명인에게는 역겹고 섬뜩한 느낌을 줄 수도 있는 야성적인 자연입니다. 이러한 사실은 다음 도널드 워스터의 글에서 잘 나타납니다.

소로의 일기에 남아 있는 한 가지 인상적인 에피소드는 1857년 5월 초에 일어났다. 해마다 이때쯤이면 강이 범람하여 서드베리Sudbury와 웨이랜드Wayland의 목초지가 물에 잠기고, 들판과 과수원 여기저기에 물웅덩이가 생긴다. 소로는 맨발로 웅덩이에 들어가 발가락을 차가운 진흙 속으로 집어넣었다. 다리 주위로 무엇인가가 몰려들었는데, 그것은 '교미하고 있거나 교미하려는 수백 마리의 두꺼비였다.' 자신도 모르는 사이에 말려든 이 사랑의 장면은 두꺼비의 높은 울음소리에 떠들썩하게 축복받고 있었다. 높은 울음소리에 목초지만 진동하는 것이 아니고 '소로 자신도 등골이 오싹하며 이 소리에 따라 흔들렸다.' 두꺼비가 그의 주위에 몰려들어 서로 흥분하여 뛰어 다니는 동안 이 내추럴리스트는 사지가 새로운 힘으로 충만해오는 것을 느끼며, 자신이라는 하나의 존재가 살아 있는 대지라는 '하나의 생명'에 압도되는 것을 느꼈다.[21]

자연은 위대한 사원이다

소로에게 있어 자연은 인간이 경외심을 느껴야 할 하나의 사원입니다. 소로는 심지어 숲을 없애고 교회를 만드는 행위는 사람의 손으로 만들 수 없는 위대한 사원에 대한 모독이고 파괴라고까지 말하고 있습니다.

인간은 자연 속을 조용히 걷는다. 경건한 마음으로 그루터기를 태우고 나무들 속에서 예배하자. 그러나 그 사이에도 기독교도들인 파괴자들이 집회소와 마구간을 많이 만들고, 난로에 땔 장작을 얻으려고 숲의 사원을 황폐하게 만든다.

더 나아가 소로는 자연 그 자체가 이미 천국이라고까지 이야기합니다.

이 호수들은 너무 순수하기 때문에 그 가치를 측정할 수 없다. 이들에겐 더러운 것이라고는 전혀 없다. 이 호수들은 우리의 인생보다 얼마나 더 아름다우며 우

리의 인격보다 얼마나 더 투명한가! (중략)

그러나 어떤 청년이나 처녀가 자연의 야성적이고 풍
요로운 아름다움과 호흡을 같이하는가? 자연은 이들
이 살고 있는 도시에서 멀리 떨어져 홀로 활짝 피어난
다. 자연을 놓아두고 천국을 이야기하다니! 그것은 지
구를 모독하는 짓이 아니고 무엇이겠는가?

소로에게는 거칠면서도 생명력으로 충만한 자연의 리
듬에 조응하면서 사는 것이 진정한 의미의 건강하고 풍
요로운 삶이었습니다. 소로는 인간이 인공적인 향락물
을 늘려가는 것이 아니라 오히려 투박하고 소박한 자연
에 순응하며 그것과 온몸으로 대화하는 것이야말로 보
다 건강하고 풍요로운 삶이라고 믿었습니다. 인간은 자
연 속에서만 기쁨과 활력을 경험할 수 있다는 것입니다.

자연은 희극에도 비극에도 다 같이 잘 어울리는 무대
장치다. 건강할 때 공기는 믿기 어려울 정도의 강력한
효력을 지닌 강장제와 같다.

해질 무렵, 흐린 하늘 아래 눈으로 질퍽거리는 황량하

241

고 흥취 없는 광활한 대지를 빠져나가고 있으면, 특별한 행운이 나를 찾아올 것이란 생각을 하지 않았는데도, 나는 더할 수 없는 모종의 희열감을 맛보게 된다. 그것은 거의 공포를 불러일으킬 만한 기쁨이다.

숲속에서 인간은 마치 뱀이 허물을 벗듯 자신의 연령을 완전히 벗어던지고, 인생의 어느 시기에 도달해 있든지 간에 언제나 어린애 그대로가 된다. 숲속에는 영원한 젊음이 있는 것이다.

소로는 어느 한 편지에서 자신의 삶의 목표에 대해 이렇게 썼습니다.

나는 어느 산허리에서 여름이나 겨울이나 멍하니 먼 곳을 바라보는 꿈을 꾸고 있다. 그 사이 내 눈은 이집트 옥토와 같이 건강한 점액 속을 빙글빙글 돌고 있다. 나는 등심붓꽃이 하늘을 쳐다보는 것과 같은 편안함을 공감하면서 자연을 들여다보는 자연이 되고 싶다.

242 '자연을 들여다보는 자연이 되고 싶다'는 소로의 말은

인간은 존재의 소리에 귀를 기울이면서 세계와 사물의 근원적인 모습을 드러내는 '현−존재'로 존재하지 않으면 안 된다는 하이데거의 사상과 통한다고 볼 수 있습니다. 소로가 말한 '자연을 들여다본다'는 것은 근대의 과학자처럼 자연을 실험실에서 관찰하고 해부하는 것을 의미하는 것이 아니라 자연의 정기를 온몸으로 경험하는 것을 뜻합니다.

소로가 본 자연은 하이데거가 말한 경이라는 기분 속에서 경험하는 자연과 같습니다. 이러한 자연은 우리가 항상 보는 자연과 마찬가지로 봄이 오면 여름이 오고 가을이 오면 겨울이 오는, 영원히 순환하는 자연입니다. 명예나 재산 또는 다채로운 오락 같은 세상의 관심사에 사로잡혀 있을 때 이러한 자연은 한없이 단조롭고 재미없는 것으로만 보일 뿐입니다. 그러나 이러한 관심사에서 벗어나 경이라는 기분에 사로잡혀 자연을 경험할 때는 그전까지 단조롭기만 했던 자연이 신비에 가득 찬 것으로 나타납니다.

인간의 정신에 미치는 영향 가운데 시간적으로 가장

243

빠르면서 가장 중요하기도 한 것이 자연의 영향입니다. 날마다 해가 뜨고, 해가 지고 나면 밤이 오며, 별이 뜹니다. 언제나 바람이 불고, 언제나 잡초가 우거집니다. 날마다 남자와 여자들은 서로 대화를 나누며, 바라보고 바라봄의 대상이 됩니다.

학자는 모든 사람 가운데에서 이 광경에 가장 많은 관심을 갖는 자들입니다. 학자에게 자연이란 과연 무엇일까요? 신이 짜내는 이 직물의 연속적으로 이어지는 불가사의한 무늬에는 결코 시작도 끝이 없이 언제나 자기 자신에게로 되돌아오는 순환능력이 갖춰져 있습니다.

소로는 온몸으로 자연과 사물을 경험하는 것의 중요성을 강조하면서 육체노동을 찬양합니다. 특히 소로에게는 농사야말로 우리가 사물들을 근원적으로 경험하기 위해 불가결한 행위입니다.

물론 이 경우 소로가 생각한 농사는 현대처럼 기계를 이용하는 농사가 아니라 손을 직접 사용해서 짓는 농사입니다. 소로에게 농사는 단순히 생계를 해결하는 차원

을 넘어서 온몸으로 사물들과 관계하는 방식을 뜻합
니다.

사물을 근원적으로 경험하려면 그것을 눈앞에 두고
지각하고 관찰하는 것이 아니라 손으로 만지고 온몸으
로 접해야만 한다는 것이 소로의 생각이었습니다. 이런
맥락에서 소로는 자신은 다른 사람들이나 가축이나 농
기구의 힘을 일체 빌리지 않았기 때문에 일이 몹시 더뎠
지만 콩들과 친숙한 관계를 맺을 수 있었다고 말합니다.
이와 함께 그는 당시의 농부들이 탐욕에 사로잡혀 농사
가 갖는 심원한 의미를 망각하고 있음을 비판했습니다.

그의 밭에서는 곡식 대신 돈이 자라며, 그의 꽃밭에서
는 꽃 대신 돈이 피어나며, 그의 과일 나무들은 과일
대신 돈이 열리는 것이다. 그는 과일의 아름다움을 사
랑하지 않으며, 과일이 돈으로 환금되기 전에는 완전
히 익은 것으로 보지 않는다.

물신주의에 빠지면 사람들은 곡식과 과일 그리고 꽃
등의 고유한 존재를 보지 못하고 그것들이 벌어들일 부

만을 보게 됩니다. 이와 관련하여 소로는 근대적인 농업보다는 고대의 농업이 보다 건강하고 심원한 것이었다고 이야기합니다.

농사가 한때는 신성한 예술이었음을 옛 시와 신화는 최소한 암시를 하고 있다. 그러나 지금 우리는 대형농장과 대량수확만을 목표로 삼은 나머지 성급하고 생각 없이 농사를 짓고 있다. 농부로 하여금 자기 직업의 신성함을 표현하고 또 그 직업의 거룩한 기원을 회상하도록 하는 축제나 행사나 의식이 전혀 없다. 이것은 가축 품평회나 소위 추수감사절이라는 것을 포함해서 하는 이야기다. 농부의 관심은 오직 눈앞의 이익과 때려먹는 잔치에만 있다. 그는 농업의 여신이나 대지의 신에게 제사를 지내지 않고 지옥의 황금신에게 제사를 지내고 있다.

탐욕과 이기심 때문에, 그리고 토지를 재산으로 보거나 재산 획득의 주요 수단으로 보는 누구나 벗어나지 못하는 천한 습성 때문에 자연의 경관은 불구가 되고 농사일은 품위를 잃었으며, 농부는 그 누구보다도 비천

한 삶을 영위하고 있다. 농부는 자연을 도둑으로만 알고 있다.

카토Marcus Porcius Cato는 농사에서 생기는 이익은 그 무엇보다 성스럽고 정당한 것이라고 말했다. 그리고 로마의 대학자 바로Marcus Terentius Varro에 의하면, 고대 로마인은 대지를 어머니라고 부르기도 하고 농업의 여신 케레스라고 부르기도 했다. 그들은 땅을 경작하는 사람들은 경건하고 유익한 삶을 살고 있으며 그들만이 사투르누스(최고신 주피터의 아버지. 인간에게 농사를 가르쳤다고 한다) 왕족의 유일한 후손이라고 생각했다.

소로는 당시의 사람들이 탐욕에 사로잡혀 삼림을 파괴하는 것을 보면서 인간은 결국은 하늘과 대지 전체를 황폐하게 만들 것이라고 생각했습니다. 그는 이에 대해 이렇게 말했습니다.

고맙게도 아직 인간은 하늘을 날지 못하므로 하늘을 땅과 같이 황폐하게 만들지 못한다. 이 점이 안심이다.

247

인간이 하늘을 날아다니게 된 오늘날의 모습을 소로가 보았더라면 아마 "하늘도 황폐해졌다"라며 한탄할 것입니다.

자연과학은 자연을 왜곡한다

소로는 사람들이 자연을 파괴하게 된 근본적인 이유는 자연과 교감할 수 있는 능력을 상실했기 때문이라고 보았습니다. 그리고 인간이 이러한 교감 능력을 상실한 중요한 이유 중 하나를 사람들이 근대자연과학의 자연관에 지배되고 있다는 데서 찾았습니다.

처음에 소로는 인간을 위해 신이 자연을 창조했다고 보는 기독교적인 인간중심주의를 과학이 파괴하게 되면 자연의 신비에 대한 경이를 사람들이 다시 체험할 수 있을 것이라고 생각했습니다. 그러나 그는 당시의 과학이 이미 사물에 대한 공감과 사랑에 입각하지 않고 사물에 대한 분석과 측정, 계량을 통해서만 사물을 제대로 인식할 수 있다는 편견에 사로잡혀 있다는 사실을 곧 깨달았습니다.

소로는 진정한 의미의 인식은 윤리적인 성격을 띠고 있다고 보았습니다. 사물에 대한 '사랑'이나 '공감'에 기초를 두지 않는 한 그것에 대한 진정한 이해는 있을 수 없다는 것입니다. 이때의 사랑은 사물과 인간이 서로 의존해 있다는 사실, 서로를 존중해야 한다는 사실, 그리고 인간의 정신과 사물이 서로 완벽하게 호응한다는 사실에 대한 인정입니다.

또한 공감은 인간을 포함한 지상의 모든 사물이 유기적으로 서로 연결되어 있다는 사실을 감득感得할 수 있는 능력입니다. 소로는 사랑과 공감에 입각하지 않는 자연 탐구는 정신과 세계의 통일을 파괴하고 자연을 한갓 해부 대상으로 전락시킬 뿐이라고 생각했습니다.

이에 반해 근대의 과학자들은 이른바 객관적인 인식이라는 모토를 견지하며 사랑이나 공감적인 직관을 통해 얻은 지식을 사물에 대해 각 개인들이 가지는 주관적인 느낌에 불과한 것으로 치부합니다.

반면에 소로는 자연을 살아 있는 것으로 경험하는 자연과의 교감이 결여된 지식은 자연에 대한 피상적인 지식일 뿐이라고 말합니다.

예를 들어 소로는 동물의 가장 중요한 부분은 영혼 내지 생기라고 봅니다. 그러나 동물에 대한 대부분의 교과서는 이러한 사실을 모두 무시해버리고 동물을 마치 생명을 갖지 않는 물질처럼 기술합니다. 물론 죽어 있는 매가 살아 있는 매보다 조사하고 관찰하기는 쉽습니다. 그러나 매가 정말로 어떤 동물인지를 우리는 죽어 있는 매를 통해서는 알 수 없습니다.

소로는 과학자가 생물을 연구할 때 연구실에만 있는다면 생물에서 가장 중요한 정기와 신비한 생명력을 경험하지 못할 것이라고 보았습니다. 따라서 그는 근대의 과학자들보다는 숲에서 생활했던 인디언들이 자연에 대해 훨씬 더 잘 알고 있다고 생각했습니다.

아울러 소로는 근대과학이 자연 전체와의 교감을 상실하고 지나치게 전문화되는 것을 우려했습니다. 지나친 전문화는 자연과 사물의 정기에 대한 통일적인 감각을 상실한 채 죽어 있는 세부지식만 양산할 수 있다고 본 것입니다.

어떤 논문은 상어 연골의 수를 세고 다른 논문에서는 장腸을 측정하고 또 다른 논문에서는 비늘을 사진으로 찍고 있다는 등 그 밖에 특별히 할 말도 없다. 이것들 밖에 하지 않았으면서도 이것들은 과학에 대한 풍부하고 훌륭한 공헌이라고 거듭해서 말할 뿐이다. 과학의 신봉자들은 밀려 올라온 조개껍질을 주우러 바다를 향해 등을 돌린 채 해변을 헤매고 있는 것이다.

소로는 검박하고 소박한 삶을 살았습니다. 그는 간식으로 들에서 딴 허클베리를 먹었으며, 연료로는 강을 따라 떠내려온 나무를 이용했고, 약간의 콩과 감자를 재배하여 주식으로 삼았습니다. 그는 '넘치는 것은 충분하지 않은 것보다 불편하고 사악하다'고 여겼습니다.

소로가 소박하고 검소한 삶을 찬양한 것은 단순히 검소한 삶이 더 도덕적이라는 이유 때문이 아닙니다. 사치와 물질적 부에 대한 탐욕이 자연에 대한 직접적인 경험과 신뢰를 방해함으로써 인간의 삶을 병들게 한다고 믿었기 때문입니다. 소로는 또한 소박한 삶이야말로 인간이 생명의 원천인 자연을 보존하는 유일한 길이라고 생

251

각했습니다.

소로는 자신의 가장 뛰어난 재주는 욕심을 부리지 않는 것이고, 자신이 무엇보다도 소중하게 여기는 것은 얽매임이 없는 자유라고 말합니다. 그는 자신은 물질적으로 풍족하지 않더라도 행복하게 살아나갈 수 있기 때문에 값비싼 양탄자나 호화 가구들, 맛있는 요리, 또는 고급주택 등을 살 돈을 마련하는 데 시간을 허비하고 싶지 않다고 말합니다. 그는 자신의 이웃들이 많은 소들을 사들이고 가축 사육장을 만들며 자식들에게 물려주기 위해 토지를 늘리는 것을 두고 다음과 같이 비판하기도 했습니다.

나는 이 고장의 젊은이들이 불행하게도 농장, 주택, 창고, 가축 및 농기구들을 유산으로 물려받는 것을 본다. 이런 것들은 일단 얻으면 버리기가 쉽지 않은 것들이다. 그들은 차라리 광막한 초원에서 태어나 늑대의 젖을 먹고 자랐더라면 나았을 것이다. 그랬더라면 자신이 힘들여 가꾸어야 할 땅이 어떤 것이라는 것을 보다 맑은 눈으로 볼 수 있었을 것이다.

누가 이들을 흙의 노예로 만들었는가? 왜 한 '펙'의 먼지(1펙은 약 9리터. 사람은 죽을 때까지 한 펙의 먼지만 먹게 되어 있다는 서양 속담이 있다)만 먹어도 될 것을 그들은 60에이커나 되는 흙을 먹어야 하는가? 왜 그들은 태어나자마자 무덤을 파기 시작해야 하는가?

(중략)

불멸의 영혼을 가진 가련한 사람들이 등에 진 짐의 무게에 눌려 깔리다시피 한 채, 75피트의 길이와 40피트의 폭을 가진 곡식창고와, 청소를 제대로 하지 않아 더럽기 짝이 없는 외양간과, 100에이커나 되는 토지와 밭, 목장과 숲에 집착하면서 힘든 인생의 길을 걷는 것을 나는 수없이 보아왔다. 유산을 물려받지 않아 그런 불필요한 짐과 싸우지 않아도 되는 사람들은 또 그들 나름대로 자그마한 육신 하나의 욕구를 채우고 가꾸는 데도 힘겨워하고 있다.

(중략)

그러나 인생이 끝날 무렵이면 알게 되겠지만 이것은 어리석은 자의 인생이다.

253

또한 소로는 사람들의 탐욕이 이 세상의 모든 범죄와 전쟁의 원인이라고 보면서 소박한 삶이야말로 세상의 악을 소멸시키는 가장 확실한 길이라고 이야기했습니다.

너도밤나무 그릇으로 만족하던 시절에는
사람들은 전쟁으로 고통받지 않았으니.

하이데거와 소로는 과학과 기술 이전에 사물들과 관계하는 보다 근원적인 방식이 있고, 이러한 근원적인 방식에 근거하여 세계와 사물들과 합일을 이룰 때 인간은 자신들의 삶에 대해 만족할 수 있다고 봅니다. 하지만 우리가 세계에 대한 완전한 과학적 파악과 기술적인 지배를 통해 행복을 실현하려 한다면, 인간은 오히려 불안과 초조를 느끼고, 이러한 느낌에서 벗어나기 위해 물질적인 대용재를 끊임없이 생산하는 악순환에 빠지게 된다는 것입니다.

하이데거와 소로는 사물들은 일차적으로 과학적인 측정이 가능한 대상으로 존재하는 것이 아니라 오히려 우리에게 말을 걸어오는 것으로 봅니다. 이들은 현재 인류가 마주하고 있는 생태 위기는 인류가 사물들이 걸어오는 말에 귀를 기울일 수 있는 능력을 상실하고 그것들을 한갓 실험과 조작의 대상으로만 보고 있다는 데서 비롯되었다고 생각합니다. 따라서 하이데거와 소로는 세계와 사물이 우리에게 하는 말을 들을 수 있는 감응력의 회복을 주창합니다.

아울러 이들은 사물이 우리에게 말을 걸어오면서 그것 자체로 우리의 존중을 불러일으키기에, 사물과 자연이 갖는 가치는 우리의 주관적인 감정을 투사하여 얻어지는 것이 아니라 이미 사물과 자연 자체에 존재하고 있다고 봅니다.

떡갈나무의 장엄한 모습을 보전하기 위해 나무를 베지 말자는 주장에 대해, 과학적인 세계관에 사로잡힌 사람들은 이 주장이 이성과 무관한 감상적인 감정일 뿐이라고 여기겠지요. 그러나 하이데거나 소로와 같은 사람들에게 이러한 주장은 과학적 판단보다도 훨씬 더 실재에 대한 참된 판단에 근거한 것입니다.

하이데거와 소로는 인간은 자연세계에 대해서 그것을 지배하는 주체로서 마주 서 있는 것이 아니라 오히려 자연

255

속에서 태어나고 그것에 의존해서 살다가 그 안에서 죽어가는 존재라는 분명한 사실을 우리에게 상기시킵니다.

하늘과 대지는 인간을 말없이 길러주는 터전이고 인간은 이러한 자연세계에서 다른 생물들과 공동체를 형성하고 있습니다. 하이데거와 소로는 생명체들 간의 관계도 다윈처럼 경쟁관계로 보기보다는 협력과 공생의 관계로 봅니다. 따라서 이들은 자연에 대한 지배가 아니라 자연과의 공생과 합일을 주창함과 동시에 자연의 아름다움과 생명력을 향유할 수 있는 존재가 될 것을 인간에게 촉구합니다.

자연의 사물은 인간을 위한 도구적 가치뿐 아니라 도구적 가치로 환원될 수 없는 자체적인 가치도 갖는다는 것이 하이데거와 소로의 생각입니다. 사람들은 흔히 이러한 가치가 도구적인 가치처럼 객관적으로 수량화할 수 없기 때문에 주관적인 것이며, 인간이 임의로 사물들에게 투사한 것에 불과하다고 비판하기도 합니다. 그러나 하이데거와 소로는 오히려 이러한 가치가 계산될 수 없다는 점이야말로 그것들이 모든 비교를 뛰어넘는 존엄성을 갖는다는 사실을 시사한다고 이야기합니다.

에필로그

시인으로서의 삶을 향해

지금까지 하이데거의 사상을 제 능력이 닿는 데까지 최대한 쉽게 풀어쓰려고 해보았습니다. 그래도 어떤 부분들은 약간 어렵게 느껴질지 모르겠습니다.

앞에서 보았듯이 하이데거는 경이나 불안 그리고 경악과 같은 근본기분을 통해 세계와 사물의 실상이 드러난다고 여겼습니다. 그리고 그는 자신이 그러한 근본기분들 속에서 경험한 세계와 사물의 실상을 그려내고 있습니다. 따라서 그 근본기분들을 경험하지 못한 사람들이 하이데거를 이해하기란 쉽지 않을 것입니다.

이 점에서 하이데거의 철학은 전통적인 서양철학이나 현대과학과는 철저히 다른 길을 걷고 있다고 볼 수 있습니다. 전통적인 서양철학과 현대과학에서는 세계와 사물의 실상이 이론적인 지성을 통해서만 드러난다고 믿으니까요.

그런데 놀랍게도 하이데거의 생각은 노장사상이나 선불교와 같은 동양사상에 근접해 있습니다. 동양사상에 어느 정도 조예가 있는 독자들이라면 지금까지 이 책을 읽으면서 하이데거 철학과 동양사상의 유사성을 이미 느꼈으리라 생각합니다.

일설에 의하면 하이데거는 선불교를 서양에 소개한 스즈키 다이세쓰鈴木大拙의 책을 읽고 "내가 말하려 했던 것은 이미 이 책에 다 있다"라고 고백했다고 합니다. 또한 하이데거는 한 중국인과 함께 『도덕경道德經』의 일부를 번역한 적이 있고, 어느 강연에서는 장자莊子의 글귀를 인용하기도 했습니다.

하이데거도 선불교도 노장사상도 '세계와 사물의 실상을 경험하려면 지성을 예리하게 갈고닦을 것이 아니라 오히려 지성의 날카로움을 꺾어야 한다'고 말합니다. 그리고 세계와 사물을 지배하고 소유하려는 마음에서 벗어나 마음을 비우고 고요하게 가라앉혀야만 한다고도 하지요. 이렇게 세계와 사물을 지배하고 소유하려는 욕망을 비울 때 우리의 마음은 세계와 사물을 감싸 안으면서 그것들이 자신들의 실상을 드러내는 '열린 장das Offene'이 됩니다.

이렇게 세계와 사물의 경이로운 신비를 경험하는 인간을 하이데거는 '현−존재'라 부르고, 선불교에서는 각자覺者, 즉 깨달은 자라고 부르며 장자는 진인眞人이라고 칭합니다. 하이데거와 선불교 그리고 노장사상에서는 '세계와 사물의 실상은 인간의 근본적인 변화와 함께 드러난다'고 공통적으로 말하고 있는 것입니다.

현대과학이 발달할수록 우리의 지성이 예리해질 수는 있겠지만 마음은 순화되기보다는 더 많은 탐욕으로 가득 차게 됩니다. 현대인들의 삶이 스마트폰이나 자동차 그리고 가전제품 등의 정교한 인공물들로 둘러싸여 있는 반면에, 하이데거나 선불교 그리고 노장사상은 하늘과 대지 그리고 사물들과 공감하는 소박한 삶을 지향합니다.

이런 맥락에서 하이데거는 자신이 말하는 것은 극히 '단순 소박한 것das Einfache'이라고 이야기합니다. 이 단순 소박한 것이란 정교한 인공물에 대한 소유욕에서 벗어나 세계와 사물의 경이로운 존재를 경험하는 삶을 뜻합니다.

하이데거는 서양의 전통적인 형이상학과 현대과학을 극복하려는 사유의 길을 개척하는 과정에서 자신도 모르게 동양사상과 가까워진 듯합니다. 바로 이 점이 20세기의 어떤 사상가보다도 하이데거가 한국뿐 아니라 일본과 중국 그리고 대만에서 많이 읽히는 이유일 것이라 생각됩니다.

저는 동양사상과 하이데거는 서로 간의 생산적인 대화를 통해 더욱 명확해지고 풍요로워질 수 있다고 봅니다. 하이데거의 철학을 염두에 두면서 『도덕경』이나 『장자』 그리고 선불교에 관한 책들을 읽어보거나 노장사상과 선불교를 염두에 두면서 하이데거의 책을 한번 읽어보시기 바랍니다. 더 깊은 내용을 길어낼 수 있을 것입니다.

책을 마치면서 마지막으로 하고 싶은 말이 있습니다. 하

이데거가 기술문명을 비판한다고 해서 기술문명 자체를

송두리째 부정하는 것은 아닙니다. 하이데거 역시 전등이나 버스, 전철 등 기술문명의 이기利器를 누렸으니까요. 다만 그는 오늘날 우리의 삶에서 무엇이 주主가 되고 무엇이 종從이 되어야 하는지를 분명히 하려고 했습니다.

오늘날의 세계에서 우리는 주로 기술인이나 경영인으로 살고 있고, 시나 예술은 기껏해야 기술인이나 경영인으로서 살면서 받는 스트레스를 해소해주는 여흥거리 정도로 취급되고 있을 뿐입니다. 하이데거는 이 위계를 뒤집어야 한다고 보는 것입니다.

하이데거는 우리가 기술인이나 경영인으로 사는 한 이 세계에는 지배에의 광기가 난무할 수밖에 없다고 봅니다. 기술인이나 경영인으로서의 우리 삶을 궁극적으로 지배하는 것은 다른 인간들과 사물을 지배하고 소유하려는 탐욕뿐이기 때문입니다. 지금 이 순간에도 지구를 몇 번이고 파괴할 수 있는 핵무기들이 만들어지고 있고, 무분별한 자연개발로 생태계가 파괴되고 있으며 무수한 생물 종들이 사라지고 있습니다.

하이데거는 이 광기의 시대는 우리가 시인으로 변화될 경우에만 극복될 수 있다고 이야기합니다. 이 경우에

261

도 우리는 많은 기술적인 인공물들을 사용하겠지만 그
것들은 어디까지나 시인으로서의 삶을 보조하는 방식으
로만 사용되어야 합니다. 예를 들어 오늘날 건축물을 지
으려면 정교한 인공자재들을 많이 사용할 수밖에 없습
니다. 그러나 이러한 자재들을 활용하면서도 우리는 사
역으로서의 세계를 압도하고 은폐하는 건축물이 아니라
오히려 그 세계가 빛을 발하게 하는 건축물을 지을 수 있
습니다. 최근에는 많은 건축가들이 하이데거의 이러한
건축사상에서 큰 영감을 받고 있습니다.

하이데거가 걸었던 사유의 길을 저의 안내로 함께 걷
느라 고생 많으셨습니다. 걸음 끝에 많은 수확이 있었기
를 기대합니다. 감사합니다.

2017년 9월

박찬국

참고문헌

1) 전광식, 『고향』, 문학과지성사, 1999년. 25-26쪽, 30쪽.

2) 하이데거 전집 7권 *Vorträge und Aufsätze*(강연과 논문), 1978년, 18-19쪽.

3) 하이데거, 『기술과 전향』, 이기상 옮김, 서광사, 1993년, 184쪽.

4) 하이데거 전집 5권 *Holzwge*(숲길), 1996년, 289쪽.

5) 하이데거 전집 7권 *Vorträge und Aufsätze*(강연과 논문), 1978년, 91쪽.

6) 하이데거, 『세계상의 시대』, 최상욱 옮김, 서광사, 1995년, 90쪽.

7) 하이데거 전집 7권 *Vorträge und Aufsätze*(강연과 논문), 1978년, 85쪽.

8) 에리히 프롬, *The Anatomy of Human Destructiveness*(인간의 파괴성에 대한 해부), 1973년.

9) 에리히 프롬, *The Anatomy of Human Destructiveness*(인간의 파괴성에 대한 해부), 1973년.

10) 하이데거 전집 7권 *Vorträge und Aufsätze*(강연과 논문), 1978년, 69쪽.

11) 하이데거 전집 40권 *Einführung in die Metaphysik*(형이상학 입문), 1983년, 41쪽.

12) 「Überwindung der Metaphysik(형이상학의 극복)」, 하이데거 전집 7권 *Vorträge und Aufsätze*(강연과 논문), 1978년.

13) 하이데거 전집 13권 *Aus der Erfahrung des Denkens*(사유의 경험

으로부터), 1983년, 27쪽.

14) 하이데거 전집 10권 *Der Satz vom Grund*(근거율), 1997년, 69쪽.

15) 인용문은 http://blog.daum.net/kschung1000/16에서 참조했다.

16) 하이데거 전집 13권 *Aus der Erfahrung des Denkens*(사유의 경험 으로부터), 1983년, 11쪽.

17) 하이데거 전집 13권 *Aus der Erfahrung des Denkens*(사유의 경험 으로부터), 1983년, 10쪽.

18) 헨리 데이빗 소로와 하이데거를 비교하는 아래 내용은 필자의 책 『환경문제와 철학』(집문당, 2004) 1장 2절 '소로: 소박한 삶의 회복을 통한 환경위기 극복' 부분을 참조한 것임을 밝혀둔다.

19) 도널드 워스터, 『생태학, 그 열림과 닫힘의 역사』, 강헌·문순홍 옮김, 아카넷, 2002, 104-105쪽.

20) 이 책에 등장하는 『월든』의 인용은 모두 아래의 책에 의거했다. 헨리 데이빗 소로우, 『월든』, 강승영 옮김, 이레, 1993년.

21) 도널드 워스터, 『생태학, 그 열림과 닫힘의 역사』, 강헌·문순홍 옮김, 아카넷, 2002, 108-109쪽.